Le Vendeur Moderne

Réussir dans la vente au 21e siècle

Le Vendeur Moderne
Réussir dans la vente au 21e Siècle

Olivier MADACÈNE

2020

ISBN :

Table des matières

Introduction

Le plus dur dans la vente, ce sont les 100 premières années. C'est un métier qui est exigeant, prenant mais exceptionnellement gratifiant pour celui ou celle qui le maitrise.

Lorsque vous entendez parler de vente, la partie commission est tout de suite associée. En effet, un vendeur qui réussit est un vendeur qui gagne bien sa vie. Trop peu de personnes se demandent comment se construit cette réussite ?

Ramener le vendeur à son niveau de commission, c'est simpliste. Pourquoi ? Si vous posez cette question, c'est que vous n'êtes pas dans la vente, alors de livre est fait pour vous car il vous donnera la culture de la vente.

Si vous comprenez intuitivement pourquoi la réussite d'un vendeur n'est pas « *que* » son niveau de commission, c'est que vous êtes un vendeur, alors ce livre est fait pour vous, car il vous donnera des outils pour performer.

La vente, c'est d'abord un vendeur ou une vendeuse, c'est-à-dire une personne. Une personne avec ses aspirations, ses buts dans sa vie. Lorsque l'on parle de motivation par exemple, il faut avoir en tête que tout le monde n'est pas motivé par les mêmes choses.

Nous ne parlerons pas des motivations personnelles dans ce livre, même si je vous encourage à définir vos propres motivations afin d'atteindre vos objectifs.

Dans ce livre nous parlerons de comment réussir dans la vente au 21e Siècles. Un siècle d'opportunités. Un siècle dans lequel les vendeurs vont jouer les premiers rôles.

Un vendeur c'est une personne de savoir. Vous devez savoir certaines choses. Dans la première partie de ce livre, nous présenterons ce qu'un vendeur doit savoir pour faire ce qui le définit comme vendeur : VENDRE !

La vente, c'est ensuite une relation entre le vendeur, son client et le produit qui est vendu. Cette relation a lieu sur un marché. Vous trouverez tout ce qui est nécessaire pour devenir acteur sur votre marché, vendre le bon produit au bon client et au meilleur prix. Nous verrons aussi la relation avec les compétiteurs.

La compétition pour le vendeur est d'abord avec lui-même. Néanmoins, les concurrents doivent aider à se dépasser. Le vendeur du 21e siècle est un vendeur informé car le 21e siècle est le siècle de l'information. Alors nous verrons dans la seconde partie de ce livre comment s'organiser pour avoir quelques longueurs d'avance.

Enfin, la vente est une activité stratégique. Une entreprise qui ne vend pas, c'est une entreprise qui meurt. Alors, dans la troisième partie de ce livre, vous trouverez des éléments de stratégie pour être stratège de votre réussite dans la vente.

Vous allez devoir déployer de l'énergie dans ce métier. Ce serait dommage de la déployer avec inefficience. Un vendeur qui réussit est un vendeur qui est responsable. Un vendeur qui réussit est un vendeur qui dirige ses actions. La troisième partie de ce livre vous livrera d'excellentes méthodes pour exceller pas après pas.

En synthèse, si vous avez ce livre entre les mains, c'est que vous souhaitez réussir dans la vente. Vous tenez l'un des meilleurs livres. Il est écrit par un vendeur, pour les vendeurs. Ajoutez-y votre énergie et votre personnalité, vous y gagnerez assurément !

Je vous souhaite une excellente lecture !

Olivier Madacène

Partie 1
Que fait un vendeur ? Il vend

1_1 Qu'est-ce qu'un vendeur ?

Un vendeur a de nombreuses qualités. Pas toutes les qualités qui existent mais de nombreuse. Lorsque vous regardez le nombre de personnes qu'un vendeur rencontre tout au long de ses ventes, vous vous rendez compte qu'il est nécessaire pour durer, de faire du qualitatif. Je vais vous lister quelques qualités qui sont nécessaire. Un vendeur n'est pas obligé d'être au top dans chacune d'elle mais en tenir compte dans son attitude.

Commençons :

A) Organisé

Ce n'est pas la première qualité que l'on met en avant pour un vendeur mais croyez-moi, un vendeur organisé vendra toujours plus et longtemps qu'un vendeur qui ne l'est pas.

L'organisation permet au vendeur d'économiser de l'énergie. D'aller plus loin avec le même réservoir. C'est un peu comme la conduite. En anticipant les freinages vous économisé des freins. Vos freins tiennent plus longtemps. Vous économisez de l'argent.

Si lors d'une présentation le PC portable n'a plus de batterie et que le chargeur est resté au bureau, cela aura un impact négatif.

Le vendeur qui est organisé inspire confiance à son client. Un exemple simple : vous allez faire signer un contrat et vous n'avez pas de stylo et le contrat est resté au bureau. Dommage !!

Soyez organisé dans votre temps, dans vos habitudes vous vendrez plus !

B) Energique

Il faut de l'énergie pour être vendeur. Il faut être vendeur pour avoir de l'énergie. Les deux sont liés. Lorsque je me suis rendu compte que pour performer il me fallait plus d'énergie, il m'a bien fallut en avoir plus. J'ai fait du sport, j'ai soigné mon alimentation, mon sommeil, etc.

Le vendeur énergique transmettra son énergie à son prospect. Prenez une situation de la vie courante. Vous recevez un coup de fil d'un téléprospecteur qui a une voix trainante, qui s'excuse de vous déranger et qui vous explique laborieusement l'objet de son appel, vous avez envie de raccrocher.

Si le téléprospecteur a une voix énergique, qu'il exprime avec clarté l'objet de son appel, vous savez que son énergie vous sera communicative et que vous l'écouterez.

C'est mon métier qui m'a amené à progresser. Avoir de l'énergie cela permet de passer un coup de fil de plus en fin de journée. Avoir de l'énergie permet de rencontrer un client de plus par semaine.

Faites l'addition et découvrez combien cela fait en plus sur une année !

Le vendeur doit être énergique. Son état sera communicatif à son client et les ventes se feront plus vites.

C) Comme confiant

Pour qu'un client signe une commande, il doit avoir confiance dans le vendeur. La construction de cette confiance est de la responsabilité du vendeur.

Pour aller vers son client et conclure un deal, le vendeur doit avoir confiance. Pour construire cette confiance, il y a une méthode : Connaitre son produit, connaitre marché, connaitre ses concurrents.

Il y a du boulot à faire et la bonne nouvelle, c'est que chaque vendeur a le contrôle sur le boulot qu'il fait. Pour être clair, la confiance est une conséquence pour le vendeur pas une cause.

Un exemple, pour les conclusions, plus vous connaitrez des phrases de conclusion, plus vous aurez confiance au moment de conclure votre vente.

La confiance se construit avec des petites victoires. Des petites réussites. La confiance du vendeur va s'exprimer dans son regard, dans sa voix, dans sa démarche.

D) Déterminé

La détermination des meilleurs vendeurs est légendaire. C'est le vendeur qui est déterminé à obtenir la commande du client. C'est le vendeur qui reste accroché à la table de négociation jusqu'à ce qu'il y ait un deal.

C'est le vendeur qui met le pied dans la porte. C'est le téléprospecteur qui a encore le sourire à la fin de la journée, malgré les refus qu'il a essuyé. C'est le vendeur en magasin qui s'applique dans sa découverte client.

Un vendeur déterminé, c'est un vendeur qui avance quoi qu'il arrive. Le client a une objection ? le vendeur déterminé apporte une réponse avec méthode et propose de conclure la vente.

J'ai rencontré un excellent agent immobilier à la retraite, riche. Je lui ai demandé ce qui lui avait permis de réussir aussi bien. Il m'a répondu qu'il ne laissait passer aucune vente. Du studio à la grosse villa en bord de mer, il était déterminé à vendre. Il ne faisait pas d'arbitrage, il ne faisait pas la fine bouche. Il faisait son boulot, il était déterminé à vendre.

Soyez déterminé, vous vendrez plus !

E) Responsable

Les américains disent « to be in charge ». Le vendeur a une responsabilité. D'une, part il est responsable de ses commissions. Il contrôle les actions qui ont pour conséquence ses commissions.

D'autre part, il est responsable de son activité. C'est lui qui définit la hauteur de ses ambitions. Même avec un engagement de nombre de rendez-vous, c'est le vendeur qui est responsable d'en faire plus ou moins.

Enfin, un vendeur est responsable de ce qu'il vend. Si vous vendez un produit de piètre qualité vous en êtes responsable. Il y a des chapitres entiers de ce livre pour parler des produits et solutions. Il est important de prendre la responsabilité d produit que vous vendez. Si vous voulez réussir dans la vente, vendez ce en quoi vous croyez. Dans le cas contraire, vous gâcherez votre talent.

Pour le vendeur, être responsable, c'est prendre le taureau par les cornes. C'est relancer son client, suivre ses affaires. Appeler les prospects jusqu'à avoir une réponse. Parce que pas de réponse, ce n'est pas une réponse.

En prenant ses responsabilités, le vendeur contribue à son épanouissement. En prenant pleinement ses responsabilités, le vendeur se donne toutes les chances de réussir.

F) Pugnace

La pugnacité, c'est un cran au-dessus de la persévérance. Un vendeur doit apprendre à être pugnace. Parce qu'il faut savoir faire les ventes au quotidien. Lorsque le prospect ne souhaite pas s'engager immédiatement, lorsqu'il a des objections, il faut de la pugnacité au vendeur pour obtenir la commande.

Cette pugnacité, permet de rester dans l'échange avec le prospect. Elle permet aussi de revoir les arguments que vous assénez.

Il faut avoir en tête que la pugnacité permet de faire des ventes en plus. Prenons un exemple : vous allez voir 50 clients dont 20 sont ok pour signer, 20 ne signent pas et 10 sont incertains. C'est votre pugnacité qui vous permettra de faire basculer ces 10 prospects en client.

Mathématiquement, votre pugnacité vous permettra de passer de 20 commandes à 25, si on imagine que vous validez la commande de 50 % des prospects incertains.

Sur un mois cela fait 5 commandes en plus. Sur 4 mois, cela fait 20 commandes en plus. Sur 8 mois, cela fait 40 commandes en plus. C'est exponentiel.

Pugnacité est une qualité du vendeur, une qualité qui se développe, pour votre réussite.

G) Avide

C'est une qualité qui permettra au vendeur de se remettre en question pour progresser. La vente est un métier exigeant dans lequel il faut être avide de progrès.

Mettons cette avidité en perspective : d'une part en étant avide, le vendeur saura rechercher, des nouveaux marchés, des nouveaux clients. Il doit avoir une avidité pour croitre et développer son business.

D'autre part, il aura une avidité pour aller chercher de l'information. Au 21e siècle, nous sommes au siècle de l'économie de l'information. Les techniques d'acquisition de clients changent, rapidement. L'avidité du vendeur lui permettra d'absorber tous ces changements et de les transformer en richesses.

Enfin, il faut au vendeur une avidité à faire de bonnes affaires. Les bons comptes font les bons amis. En étant avide de créer de la richesse, le vendeur sera bien dans ses baskets. Tout nous réussit lorsque l'on est bien dans ses baskets.

H) Humain

Vous n'êtes pas sans savoir que vendre demande une grande empathie. Or, l'empathie est une caractéristique des êtres humains. Le vendeur doit être humain.

Posez-vous la question, qu'est-ce qui fait de nous des êtres humains ? Nos points communs. Un bon vendeur sait se trouver des points communs avec son client. Est-ce toujours le cas ? non.

Prenez la prospection téléphonique. Les bons vendeurs savent se mettre à la place de leurs prospects et ne prennent pas personnellement les refus. En effet, lorsque vous êtes chez vous, que votre téléphone sonne et que c'est un télévendeur, êtes-vous toujours agréable avec lui ?

Votre réaction s'explique assez simplement. Le coup de fil vous a dérangé alors vous êtes désagréable. C'est votre droit le plus strict. Alors, pourquoi êtes-vous surpris de « déranger » vos prospects ?

En comprenant les réactions humaines de votre prospect, d'abord vous ne les prendrez pas personnellement. Ensuite, vous aurez le recul pour répondre positivement. Dans le cas de la téléprospection, vous saurez expliquer à votre prospect que le dérangement en vaut la peine.

Enfin, un vendeur qui admet son humanité admet que parfois il peut se tromper. Un mauvais prix annoncé, une remise que l'on ne peut pas tenir. Cela arrive parce que nous sommes humains.

I) Communiquer

La communication est hyper importante, surtout avec tous les outils dont nous disposons actuellement. En numéro 1, nous disposons des réseaux sociaux. Ensuite, nous disposons des sites internet. Nous avons les blogs, les vlog,... Tous ces outils permettent de trouver des clients, de faire valoir votre expertise, d'exprimer votre personnalité.

Les vendeurs n'ont pas tous à être extravertis. Vous trouverez d'excellents vendeurs qui vous dirons à quel point ils ont la boule au vendre lorsqu'ils doivent prendre la parole en public. L'avantage du métier de vendeur, c'est que les occasions de prendre la parole devant un public s'imposent à vous.

Avec le temps et de l'entrainement, communiquer devient une action sous contrôle et un levier pour influencer et convaincre.

J) Intelligent

Le vendeur est un être d'intelligence. Une intelligence émotionnelle d'abord puisque la vente c'est un transfert d'émotions. Ensuite le vendeur est un être d'intelligence situationnelle, puisqu'il doit savoir mettre le temps et les timings de son côté.

L'intelligence est un muscle qui se travaille. Des lectures, des exercices, des entrainements, des séminaires, il existe pléthore de méthode qui permettent à un vendeur de travailler ses intelligences.

Le vendeur doit avoir l'intelligence de lui-même, c'est-à-dire une volonté profonde de se dépasser !

1_2 C'est quoi vendre ?

C'est une question que tout le monde doit se poser. De la comptabilité aux responsables des ressources humaines. C'est une question qui éviterait dans les entreprises et les commerces de passer à côté de l'acte le plus important que l'entreprise ait à accomplir.

Pas de vente, pas de Chiffre d'affaire, pas de chiffre d'affaire, pas d'entreprise. La vente est la fonction la plus importante de toutes les sociétés et elle n'est pas réservée aux commerciaux.

Vendre est hyper important et il n'y a pas que les commerciaux qui doivent le faire pour qu'une entreprise, un business, une association, un centre de kinésithérapie, soit prospère. Vendre, c'est un projet global qui se répercute en actions locales.

Dès la conception des produits, il est nécessaire d'avoir en tête le client final. C'est le secret des plus grands succès commerciaux.

Vendre c'est prendre un appel entrant avec le sourire. C'est rappeler un client mécontent avec bienveillance. C'est relancer un client mauvais payeur pour lui vendre le fait qu'il doit régler ce qu'il nous doit.

Vendre, c'est une culture ! Trop souvent, les entreprises cantonnent la vente, la relation aux clients au niveau du commerce c'est une erreur qui fait perdre bien plus que du chiffre d'affaire.

Prenez les standards, qui sont le premier contact qu'un client peut avoir avec votre société. Ce standard doit vendre un accueil au top. Certaines entreprises ont une musique pour faire patienter, lorsque vous les appelez, tellement vieille, que vous faites un voyage dans le temps à chaque fois que vous voulez faire appel à elles.

Prenez le département qui gère le SAV. Il doit vendre un enthousiasme pour les produits, Il doit vendre une volonté d'aider le client. N'avez-vous jamais été déçu qu'une personne qui vous dépanne disent de mal du produit que vous avez acheté ? Le SAV doit vendre le produit. Les meilleures entreprises l'ont compris.

Même le service recouvrement doit vendre. Le client a acheté une prestation ou un produit. Il a pris une excellente décision en choisissant votre entreprise. Il a été livré. Il est satisfait, alors quoi de plus normal qu'il règle sa facture ? C'est une vente que le recouvrement doit faire. D'ailleurs, le recouvrement a lui aussi des objections auxquelles il doit répondre. Coïncidence ?

La vente c'est aider. Un vendeur aide son client, gardons-le en tête ! Prenez un agent immobilier. L'intitulé du métier est trompeur car il s'agit exclusivement de vente. En France en tout cas, il est possible de vendre des biens immobiliers sans avoir recours à un agent immobilier.

Alors pourquoi ce métier est-il si répandu ? Pourquoi les agents immobiliers sont-ils aussi prospères ? Parce qu'ils aident leurs clients. Ils apportent une valeur ajoutée. L'agent immobilier aide son client à vendre son bien. Il peut même l'aider à acheter un bien.

Vendre c'est du leadership ! Le vendeur est un leader pour son client. Nous parlons souvent de prix. Mais le prix s'oublie, la qualité reste. Lorsque vous approchez un prospect, demandez-lui ce que son prestataire actuelle lui fournit. C'est une question ouverte, vous serez surpris d'entendre les réponses.

Vendre c'est rémunérateur. Un bon vendeur gagne bien sa vie, un excellent vendeur sera dans le Top 5 des plus gros revenus de son entreprise. Vendre, c'est aller chercher et faire fructifier ses contacts, c'est créer de la valeur.

Lorsque vous faites un devis, et que vous le présentez à un client/prospect, rendez-vous compte de la valeur que vous créez. Votre argumentation, votre conviction, votre capacité à rebondir cela créé du Chiffre d'affaire, des emplois, de la prospérité. Bravo !!

Vendre c'est Réussir. Rien ne me rend plus heureux que de réussir une vente. Ce n'est pas plus facile aujourd'hui qu'hier. C'est plus que jamais une question de méthode, d'ambition et d'actions ! Lisez la suite.

1_3 L'entretien de vente

Qu'il se passe au téléphone, par Visio conférence, dans un magasin ou dans le garage d'une concession automobile, un entretien de vente c'est une opportunité pour le vendeur de vendre.

C'est la comédia Del Arte. Vous avez une scène, des protagonistes et la pièce se joue en plusieurs actes. En ayant en tête une pièce de théâtre, vous aurez envie de jouer votre rôle de vendeur. Cela vous permettra, dans votre rôle, d'être professionnel.

Dans le métier le vocabulaire parle d'entretien de vente ou de rendez-vous de vente. Vous avez certaines professions qui découpe méthodiquement les contacts avec leurs clients. Vous y entendrez parler de R1 puis de R2 puis de RC pour rendez-vous de conclusion.

Si vous voulez mon avis, lorsque vous avez la possibilité d'obtenir l'accord de votre client rapidement, prenez la commande !

Le but des méthodes de vente est de donner une structure au vendeur pour qu'il prenne le leadership dans la relation de vente. Aucune étape n'est obligatoire tant que vous obtenez la vente. Bien au contraire, il est parfois nécessaire d'avancer au pas de course.

Je suis un golfeur. Ce sport est connu pour son aspect business parce qu'il est complexe, qu'il demande une grande décontraction et beaucoup de travail : comme la vente. Le but au golf est de mettre une balle dans un trou. Ce trou est indiqué par un drapeau. Il y a une moyenne de coup pour aller du départ au trou, c'est ce que l'on appelle le « par ». Les meilleurs joueurs ont besoin de moins de coups pour atteindre le trou. On dit qu'ils jouent en dessous du par.

Un joueur débutant aura besoin de plus de coup que le par pour atteindre le trou. Ce qui se comprend. Quoi qu'il en soit, que ce soit un joueur débutant ou un pro, chaque joueur a en tête de faire le moins de coup possible pour arriver à mettre la balle dans le trou.

Lorsqu'il est au départ, chaque joueur regarde le drapeau, le vise et en fonction de sa maitrise joue ses coups.

Pour être en capacité d'aller vite, il est nécessaire de connaitre les principales étapes et techniques. Au golf, il y a une partie de tous les clubs qui est consacrée au practice. Le but étant de s'y entrainer. On découpe les étapes d'une partie afin de s'y entrainer séparément. Lors d'une partie réelle, le joueur rassemble toutes les étapes.

Etes-vous mélomane ? moi j'adore le Jazz. Récemment j'assistais au concert d'un pianiste jazz. J'étais sidéré par la rapidité avec laquelle il jouait ses mélodies. Une vélocité incroyable. Par la suite, j'ai visionné une interview durant laquelle un journaliste lui demandait justement, « comment faites-vous pour jouer aussi vite ? »

La réponse du Jazzman : « en commençant par jouer lentement ! »

Vous voyez où je veux en venir ?

C'est la même histoire pour les entretiens de vente, vous pourrez aller vite lorsque vous aurez pris le temps d'intégrer les étapes par lesquelles vous devez passer. Numéro uno, quelles sont ces étapes ? Ensuite, à quoi servent-elles et comment m'en servir pour faire de belles ventes ?

Avant de vous révéler les étapes d'un entretien de vente réussi, j'aimerais revenir sur un élément primordial. Pour réussir, vous devez mettre en actions les méthodes qui vous sont enseignées. En effet, il y a des centaines, des milliers de livres et méthodes sur la vente. Ces méthodes n'ont aucune valeur sans un vendeur pour les mettre en œuvre.

Même si la vente est un moment magique, il ne suffit pas de dire abracadabra. Il faut bosser pour préparer vos rendez-vous. Il faut apprendre par cœur des questions, des phrases de conclusion. Il faut répéter se corriger, Etc.

En un mot il y des efforts à fournir. Dans les chapitres qui suivent, nous allons entrer dans chacune des étapes qui constituent un entretien de vente réussi. Même si vous en avez déjà entendu parler, lisez-les avec attention.

De Deux choses l'une, soit vous aurez la confirmation que vous faites ce qu'il faut pour réussir et cela vous donnera confiance. Soit vous découvrirez comment mieux faire et cela vous donnera confiance.

Vous êtes gagnant quoi qu'il arrive, alors passons à la suite !

1_4 Prendre Contact

La prise de contact, fait pleinement partie de l'entretien de vente. Contact commence par la lettre C. Il y a une méthode de vente qui s'appelle les 4 C.

4C pour :

Contact + Connaitre + Convaincre + Conclure

J'ai vendu en porte à porte il y quelques années. C'est une excellente école de vente. D'une part, vous pouvez jouer sur la loi du nombre et vous tromper, ce qui vous permet d'apprendre vite. En effet, 100 % des prospects ont une porte, vous n'avez que l'embarras du choix.

Part d'autres aspects, vendre aux portes à porte permet de développer la résistance à l'échec. Au porte à porte, vous ne vous prévenez pas. En conséquence, si vous passez au mauvais moment, il n'y a personne derrière la porte. Parfois, la personne ne vous ouvre pas la porte. Parfois vous avez un chien qui aboie et vous décourage de frapper. De nombreux éléments, des obstacles qui se placent entre le vendeur et son client.

La résistance à l'échec, ce n'est pas se prendre les mêmes freins encore et encore. La résistance à l'échec, c'est se prendre un obstacle et garder suffisamment l'envie de réussir pour trouver comment contourner ou éliminer l'obstacle.

La vente en porte à porte est un style de vente ancien. Si vous regardez le vocabulaire employé aujourd'hui dans la vente, vous remarquerez qu'il provient du porte à porte. Par exemple lorsque vous appelez un standard il y a des techniques pour passer le « Gate keeper », sans mauvais jeu de mots, il s'agit du chien de garde dont nous parlions plus haut.

Lors d'entretien de sélection de vendeur, le jeu de rôle du porte à porte est utilisé pour mesurer la capacité du vendeur à faire en sorte que la porte s'ouvre. En effet, statistiquement, une fois que la porte est ouverte, le plus dur est fait. Attention, le plus dur est fait mais il en reste un peu à faire pour remporter la vente.

Comment s'y prendre pour que la porte s'ouvre ? Parlons méthode. D'une part, les vendeurs en porte à porte montre rapidement un signe de légitimité. C'est un signe que le prospect va comprendre et qui va lui donner suffisamment confiance pour qu'il ouvre la porte.

Lorsque vous êtes chez vous, vous ne laissez pas entrer n'importe qui. Vous laissé entrer les personnes en qui vous avez confiance. N'est-ce pas ? Alors pour vous faire ouvrir votre porte, le vendeur doit vous donner confiance.

Le vendeur qualifié utilise un biais psychologique que tous les êtres humains possèdent. Comme je parle de biais, peut-être devrions-nous dire « subissent ». En effet, ce biais provoque des réponses chez l'individu qui en est victime.

Alors d'abord, montrer un signe qui permet au prospect d'avoir confiance. Quels signes ? Le vendeur d'encyclopédie a une encyclopédie sous le bras, il porte une chemise qui fait sérieux et une cravate.

La technique le plus connue pour faire ouvrir une porte est d'utiliser l'environnement direct du prospect pour l'inciter à ouvrir. Par exemple : « M. Dupont, je viens de terminer mon rdv avec votre voisin. Je pense que mes produits vous intéresseront. Puis-je entrer ? ». Technique qui fonctionne à 90 %.

Transposez cette méthode au 21e siècle. Les vendeurs en porte à porte constituent une espèce en voie de disparition. Vous remarquerez que les vendeurs utilisant des funnels de conversion sont de plus en plus nombreux et ils utilisent les mêmes méthodes. Que les vendeurs en porte à porte.

D'abord soigner la prise de contact qui vous ouvrira la possibilité d'un entretien de vente.

Maintenant que vous savez qu'il n'y a rien à réinventer, faisons un état des meilleures techniques pour prendre contact :

1) Dites pourquoi vous prenez contact. C'est un effet logique. « Je viens vous voir parce que… » ; « Je vous appelle parce que … »
2) Montrez une preuve qui donne confiance. Habillez-vous pour inspirer confiance. Faites valoir vos références. Si vous faites un métier règlementé, faites-y allusion habillement dès le départ.
3) Demandez et obtenez une action de votre prospect. « Passez-le-moi », « permettez-moi d'entrer », « quelles sont vos disponibilités »
4) Faites-le adhérer à un objectif commun. « Ce que nous allons faire ensemble c'est… ».
5) Parler au présent !

Au sens propre comme au figuré, si votre client ouvre sa porte, la probabilité que vous fassiez une vente décolle. La prise de contact à pour seul objectif de vous donner des opportunités de vendre.

Que ce soit au téléphone, en porte à porte, lorsque votre prospect entre dans votre magasin, lors d'un salon, plus vous réussirez vos prises de contact, plus vous réussirez dans la vente.

1_5 Découvrir

Soyons direct, cette étape se réalise avec votre prospect. En face à face, au téléphone ou en visio. Ce prospect fait partie de votre cible de clientèle potentielle. Nous le verrons dans le chapitre consacré au marché, vous réaliserez des rendez-vous de découverte face à des prospects qui ont une probabilité d'avoir le problème que votre solution, votre produit, votre service résout.

Par exemple, si vous vendez des sous-vêtements féminins, vous allez cibler les prospects de sexe féminin, les prospects de sexe masculin ayant une femme dans leur vie, épouse, concubine, petite amie. La probabilité est faible qu'un homme célibataire soit intéressé par des sous-vêtements féminins. Sauf si cet homme est prévoyant et anticipe une relation à venir.

La découverte du besoin de votre prospect est une étape importante de votre entretien de vente. Il y a une approche technique avec des méthodes à mettre en œuvre. Il y a une approche posturale avec une attitude à déployer. Enfin, il y a une approche compétitive qui donne du sens.

Les techniques que vous allez découvrir ci-après sont puissantes et elles permettent de vendre.

Cependant, prenez garde à ne pas oublier que votre prospect est une personne. Il faudra bien accepter qu'elle joue sa partition. Qu'elle ne réponde pas toujours ce que vous attendez, qu'elle vous surprenne.

A) Commençons par la base de la découverte : le questionnement.

Au début posez des questions ouvertes qui permettent à votre interlocuteur de s'exprimer librement. Reformulez ce que vous comprenez en demandant à votre client de valider votre reformulation.

Dans cette phase de questionnement ouverte, posez des questions pour définir les risques et les opportunités de votre client.

Par exemple, demandez-lui ce qui se passe si le projet réussit, ce qui se passe si le projet ne réussit pas. Un questionnement ouvert est un questionnement puissant. Chaque mot compte.

Pour balayer large, je vais vous donner un moyen mnémotechnique, utilisez le QQOQCCP. C'est un acronyme pour Qui, Quoi, Où, Quand, Comment,

Combien, Pourquoi. Ce sont tous les mots interrogatifs qui démarrent des questions ouvertes.

B) Passons maintenant à l'attitude à adopter pendant votre phase de découverte.

Elle doit être basée sur l'écoute. Vous avez certainement entendu l'expression selon laquelle l'être humain a deux oreilles et une bouche pour écouter deux fois plus qu'il ne parle. Cette expression a été inventée pour guider le vendeur dans sa phase de découverte.

Si le temps de parole d'une phase de découverte est mesuré, il y a 1/3 du temps de parole pour le vendeur contre 2/3 de temps de parole pour le Prospect. Ce qui signifie que le vendeur écoute les 2/3 du temps.

Ecouter ce n'est pas qu'avec les oreilles, c'est aussi avec son intelligence. En effet, durant la phase de découverte, vous ne pourrez pas poser toutes les questions ouvertes de l'univers entier. Le vendeur qui réussit s'appuie sur les réponses de son prospect pour relancer une question de qualité. Ne dit-on pas que l'on reconnait la qualité d'une personne aux questions qu'elle pose ?

Il est recommandé de préparer les questions que vous allez poser à votre prospect. Maintenant, si lors de l'entretien vous découvrez que certaines de vos questions préparées n'ont rien à faire avec le besoin de votre interlocuteur, ne les posez pas.

C) L'approche compétitive du questionnement

Durant votre phase de découverte, votre questionnement exprime à votre interlocuteur la compréhension que vous avez de son besoin. Ce besoin, est souvent un problème que votre prospect souhaite résoudre. La pertinence de votre questionnement doit exprimer votre capacité à circonscrire sont problème et à construire une solution.

Si vos questions paraissent inappropriées, la solution que vous proposerez à votre prospect d'acheter lui paraitra inappropriée.

Voyez la situation ci-après. Lorsque vous entrez dans un magasin pour vous acheter des vêtements, la plupart du temps, vous savez si vous chercher un pantalon ou une chemise, n'est-ce pas ? Lorsque le vendeur vous questionne rapide en vous demandant : « Le pantalon, c'est pour faire quoi ? » il multiplie les chances que vous achetiez le vêtement qu'il vous proposera.

De même, si vous avez des objections face au pantalon qu'il vous propose, il vous rappellera pourquoi vous voulez le vêtement, c'est-à-dire votre besoin. Ensuite, il argumentera les caractéristiques du vêtement qu'il vous propose comme étant la meilleure réponse à votre besoin.

La phase de découverte a pour but de donner à votre prospect l'occasion de vous exprimer son besoin afin que vous ayez les moyens de lui proposer la solution parfaite.

Ayez le courage dès la phase de découverte de questionner votre prospect. Si vous lui posez des questions, c'est pour lui. En effet, si vous ne demandez pas à votre client quelle est sa pointure, la probabilité que vous lui apportiez la bonne paire de chaussure est extrêmement faible. Cet exemple vous fait sourire. Peut-être que le questionnement de découverte du vendeur de chaussure est court mais notez qu'elle est inévitablement nécessaire. Si vous voulez acheter des chaussures et que le vendeur ne vous demande pas votre pointure, cela vous paraitra bizarre. N'est-ce pas ?

Pour les autres produits et solutions, c'est le même principe. Il y a des questions que vous devez poser. Elles vous donnent une légitimité. De plus, insistez pour avoir les réponses. Le cas échéant, expliquez brièvement à votre prospect pour quoi vous avez des réponses.

Utilisez la confiance que vous aurez su créer lors de la phase de contact pour découvrir le besoin de votre client avec écoute et détermination, il vous en saura reconnaissant.

Passons maintenant à l'argumentation, c'est-à-dire la façon de présenter la réponse au besoin de votre prospect.

1_6 Argumenter

Dans argumenter vous aurez remarqué qu'il y a argument. Nous allons voir par la suite ce qu'est un argument. Tout d'abord, je vous invite à regarder « argumenter » comme un verbe d'action. Argumenter c'est, pour le vendeur, être actif.

De plus, pour argumenter, il faut avoir de la conviction. En effet, si vous n'avez pas la conviction que votre client a besoin de votre produit/solution, vous aurez beau lui annoncer les meilleurs arguments de la planète, il ne vous prendra pas de commande.

Au siècle dernier, un bon vendeur c'était un beau parleur, une personne avec du bagou. Capable d'entrer en contact avec un client et capable de le convaincre d'acheter. C'est toujours le cas au 21ᵉ siècle, un bon vendeur doit être capable d'énoncer ses arguments et de convaincre le prospect de devenir client.

Pour être un excellent vendeur au 21ᵉ siècle, il est souhaitable de savoir choisir ses arguments pour argumenter avec précision. Pourquoi est-ce nécessaire d'argumenter avec précision ? Parce qu'en visant juste, le vendeur touchera plus de cible et avec les mêmes ressources que ses compétiteurs, il réalisera un meilleur résultat.

Les méthodes pour argumenter sont nombreuses mais elles n'ont aucune valeur si nous oublions de rattacher l'argumentation à la phase de découverte. Les arguments qui passent à côté de la cible, ne valent rien. Un argument adapté est précieux.

Si une bonne argumentation peut faire gagner des ventes, une mauvaise argumentation peut vous faire perdre des ventes. Alors prudence.

Je vais vous donner un exemple provenant des assurances. Vous n'êtes pas sans savoir qu'un contrat d'assurance vie est une enveloppe fiscale grâce à laquelle vous pouvez investir votre argent dans des fonds. Soit des fonds garantis, soit des fonds en action, soit des fonds en immobilier papier, etc,... la créativité des assureurs est sans limite.

Lorsque vous vendez des assurances vie, que lors de votre phase de découverte vous oubliez de demander à votre prospect ce qu'il pense de la bourse, que vous commencez à argumenter la possibilité d'investir en bourse grâce à votre produit, que se passera-t-il à votre avis ?

Soit votre prospect aime la bourse et il sourit. Soit, il a une aversion à la bourse, se tend sur sa chaise et vous sortez vos rames pour qu'il signe votre contrat.

Argumenter ce n'est pas lancer des arguments au hasard. Argumenter c'est utiliser les arguments qui convaincront votre prospect. Votre phase d'argumentation doit s'appuyer sur votre phase de découverte.

Il n'est pas rare de voir des vendeurs commencer à argumenter avant d'avoir questionné leur prospect. Cela revient à jouer au Casino et à faire confiance au hasard. Or la vente, ce n'est pas du hasard, c'est un métier.

Voyons maintenant comment argumenter pour vendre.

Une fois que vous avez posez vos questions à votre prospect, demandez-lui s'il y a quelque chose que vous devriez savoir, que vous ne lui avez pas demandé et qui est important pour résoudre son problème. C'est une question balai. Comme la voiture balai elle permet de récupérer toutes les réponses perdues en cours de route.

Une fois que vous avez sa réponse, reformulez ce que vous avez compris de son besoin et faites-lui valider que c'est bien ça. Il se peut que votre prospect nuance ou précise votre reformulation, c'est bon signe, cela signifie que vous êtes dans un dialogue.

Une fois ces deux étapes réalisées, présentez vos arguments forts avec assurance et terminez avec une phrase de conclusion.

Pour construire votre argument, je recommande la structure : « Caractéristique, preuve, bénéfice pour votre prospect ». C'est une structure standard, elle vous permet de décrire votre solution ou votre produit en partant d'un fait.

Ensuite, c'est important, vous démontrez la réalité de cette caractéristique. Enfin, vous dites à votre client le bénéfice que cette caractéristique lui apporte directement. Il est important que votre bénéfice soit un bénéfice personnalisé pour que votre client s'approprie vos arguments.

Une fois les arguments assénés à votre prospect, demandez-lui d'acheter.

Je répète : demandez-lui d'acheter, remplissez les contrats et demandez un acompte. Vendez !

Si votre prospect n'est pas ok pour acheter, c'est qu'il a une objection. Si cela ce produit, voyons dans le chapitre suivant comment les traiter.

1_7 Répondre aux objections

Soyons direct, si vous avez des objections à traiter, c'est que vous pouvez progresser sur les phases précédentes à savoir la prise de contact, la découverte et l'argumentation. Nous pouvons tous progresser.

Voyons les choses du bon côté, une objection qu'est-ce que c'est ? c'est un signe d'intérêt. En effet, s'il émet une objection c'est qu'il réfléchit à acheter et voit un obstacle qu'il vous décrit.

Autrement dit, si vous n'êtes pas en phase de conclusion, les remarques de votre prospect sont des questions auxquelles vous devez répondre le plus diligemment possible.

Soyez attentif, si votre prospect vous pose des questions concernant la mise en œuvre de votre solution, l'utilisation qu'il pourra faire de votre produit, une fois que vous lui avez proposé d'acheter, ce sont des signes d'achat pas des objections. Sortez le contrat, lancez la commande sans trembler.

Maintenant que je vous ai dit ce qu'une objection n'est pas, vous savez, par élimination, ce qu'elle est. Une objection c'est ce qui empêche votre prospect de signer. Rien que ça !

Mettons-nous en situation. Vous avez trouvé un prospect, vous le rencontrez, vous l'écoutez pour découvrir son besoin. Vous argumentez pour lui démontrer que votre produit, votre solution répond parfaitement à son besoin. Vous lui proposez d'acheter, de donner son accord. Et lui, après tous vos efforts, il vous dit qu'il a une objection à le faire.

Gardons cependant notre sang froid, le prospect pourrait se lever et partir. En effet, lorsqu'il formule son objection, il est toujours dans l'échange. C'est un super bon point.

Alors que faire à ce stade ?

D'une part, accepter que votre prospect puisse avoir une objection. Ne le prenez pas personnellement, prenez-le même avec le sourire. Gardez le contrôle de l'échange.

D'autre part, voyez la réponse que vous apporterez comme une aide que vous accorderait à votre prospect pour l'aider à prendre la bonne décision en travaillant avec vous.

Pour garder l'ascendant dans l'échange, demandez par exemple, avec confiance à votre interlocuteur : « A part cela, qu'est-ce qui s'oppose à ce que nous fassions affaire ? ».

Cette phrase vous permettra de récupérer d'un coup toutes les objections. Notez-les, apportez-y une réponse et tendez votre bon de commande. Dans l'esprit c'est ce qu'il faut faire. Dans les faits, une objection arrive à un moment où le vendeur est un peu fatigué. Il manque parfois de rebond. C'est la raison pour laquelle il est recommandé de préparer et d'apprendre des réponses intelligentes aux principales objections de vos clients.

Soit, vous attendez que votre prospect vous objecte ses freins à l'achat. Soit, vous désamorcez les objections lors de vos phases de découverte et argumentation.

Il y a une réelle liberté dans le métier de vendeur. Désamorcez les objections lorsque bon vous semble, l'essentiel étant d'enchainer avec une phrase de conclusion.

Question méthode pour répondre à une objection, pensez bien à reformuler l'objection pour être certain de ne pas répondre à côté. Lorsque vous répondez, demandez la confirmation que votre réponse répond et enchainez avec une phrase de conclusion.

Cette méthode vous fera signer plus de contrat, entrainez-vous !

1_ Lorsque votre client émet une objection, questionnez-le, Creusez sur l'origine de son objection.

2_ Reformulez pour être certain de répondre à la bonne objection.

3_ Argumentez pour répondre à cette objection.

4_ Demandez à votre prospect de confirmer que vous avez répondu. Et enchainez sur une phrase de conclusion.

C'est la méthode des CRAC, Creusez, Reformulez, Argumentez, Concluez !

Avec cette méthode, vous serez un CRAC lorsque vous répondrez aux objections. Elles font partie du métier de vendeur.

Tout comme la phase de conclusion, à laquelle est consacré le chapitre suivant.

1_8 Conclure

C'est la partie que tous les vendeurs adorent. Statistiquement, c'est la phase de vente que l'on pratique le moins. Pour 100 prises de contact, vous n'avez pas 100 conclusions. C'est la loi du nombre. La vente est un entonnoir, au fur et à mesure que vous avancez dans les étapes de vente, vous avez une déperdition. Avec le temps cette déperdition se réduit bien heureusement.

Toutes les phases précédentes n'ont qu'un but, faciliter la conclusion positive. Si vous êtes joueur de golf ou que vous avez regardé des compétitions de golf, vous savez qu'il est plus facile de rentrer la balle lorsqu'elle est à 15 centimètres du drapeau que lorsqu'elle est à 1 mètre, soit 100 centimètres.

Pour la conclusion de votre vente, c'est le même principe. Il est plus simple de conclure quand votre client est ok. C'est plus facile quand votre solution correspond à ce dont il a besoin pour résoudre son problème.

A vous de mettre en œuvre toutes vos qualités pour réaliser une excellente prise de contact, une excellente découverte, une excellente argumentation, votre conclusion s'imposera d'elle-même et votre prospect vous dira : « Oui ! ».

Comment vous y prendre pour conclure la vente ? Demandez à votre interlocuteur de s'engager.

Je recommande de connaitre quelques phrases pour conclure. Je ne suis pas fan du par cœur mais pour les conclusions c'est plus simple d'avoir quelques automatismes.

En effet, les phases de vente précédentes ont demandé de l'énergie au vendeur. De plus, arrivé à la phase de conclusion, il y a un stress qui est présent, la conclusion pour le vendeur c'est un climax. Enfin, vous pourrez plus naturellement emporter l'adhésion de votre prospect si votre demande est exprimée de façon naturelle, comme allant d'elle-même.

Voici des exemples de formulation à l'initiative du vendeur :

- Appuyez fort, il y a un carbone !
- Alors, on y va comme ça ?!
- Vous réglez par chèque ou virement ?
- Vous le prenez ?!

Lors de votre préparation d'entretien, je vous recommande de choisir la formulation de conclusion que vous utiliserez. De nombreuses ventes ne se font pas, uniquement parce que le vendeur ne demande pas à son prospect de commander.

Il faut un certain courage pour conclure. Vous avez du courage, alors utilisez-le.

Vous remarquerez aussi que le prospect, convaincu par vos arguments, vous invitera à conclure. Lorsque cela se produit, une recommandation : acceptez !

Vos produits sont sur le marché parce qu'ils répondent à un besoin. C'est tout à fait normal que vos prospects en aient besoin et souhaitent s'équiper. Rendez-leur ce service, acceptez de conclure des ventes avec eux.

Un élément important pour faciliter vos conclusions. Au niveau de l'intensité, le moment de la conclusion est plus intense pour le vendeur que pour le prospect. La conclusion est la finalité pour le vendeur alors que c'est le début pour le prospect.

En faisant preuve d'empathie et en vous mettant dans les baskets de votre prospect, vous ferez descendre votre niveau d'intensité. Vous présentez votre conclusion comme le début plutôt que comme la fin. Vous n'en serez que meilleur.

Prenons l'exemple d'une vente d'appartement. Le client acheteur se décide en se projetant dans l'usage du bien. La conclusion peut se présenter ainsi, avec un client qui recherche une belle vue pour le sentiment de liberté qu'elle procure :

- Avec la magnifique vue que cet appartement vous propose, vous ressentirez un sentiment de liberté incomparable. Vous le prenez ?

De la même façon pour un contrat d'assurance vie face à un prospect qui cherche à préparer sa retraite afin de pouvoir voyager tous les mois avec un budget de 800 € /mensuel :

- Avec le contrat d'assurance vie que je vous propose, en épargnant 300 € par mois, les intérêts composées vous rapporteront un capital qui vous permettra de voyager tous les mois lors de votre retraite. Vous souhaitez faire votre premier versement par chèque ou par virement ?

Vous pouvez adaptez ces exemples à votre activité. Ce qu'il faut garder à l'esprit c'est que votre prospect dira « oui » pour ses raisons et pas les votre. Vous devez absolument découvrir ses motivations et y faire superposer les arguments adéquats.

Ensuite, demandez à votre client de s'engager en vous appuyant sur ses raisons. Enfin, ayez en tête que la signature est la conclusion pour le vendeur mais le début pour le prospect. Restez disponible pour votre client une fois la conclusion réalisée, il n'en sera que plus fidèle.

Plus vous demanderez à votre prospect de s'engager, plus vous vendrez. Demandez-lui son accord, donnez-lui l'opportunité de vous dire « oui ».

Partie 2
Vendre Quoi à qui et à quel prix ?

2_1 C'est quoi un marché ?

Le marché est souvent utilisé comme un synonyme de secteur d'activité. C'est un abus de langage parce qu'un marché contient un secteur d'activité mais aussi les acteurs en présence et leurs relations d'offre et de demande.

La définition du marché d'un point de vue économique, c'est le lieu physique ou virtuel où se rencontre l'offre et la demande. De cette rencontre sortira un prix qui est le prix du marché. Théoriquement, ce prix de marché est tel que si l'offre est supérieure à la demande, le prix baisse. Si la demande est supérieure à l'offre, le prix augmente. Cette logique est résumée comme la loi de l'offre et de la demande.

Cette théorie, suppose que l'information est pure et parfaite. Tout le monde a la même info et il n'y a pas de spéculation. Un monde qui n'est pas la réalité dans laquelle nous vivons.

Bien que cette théorie soit inexacte, elle a le mérite de nous permettre de poser un principe : Le prix est une conséquence, pas une cause. Pour nous qui sommes vendeurs c'est un atout lorsque nous présentons un projet ou un devis.

Le prix est la conséquence de la valeur apportée par la solution du vendeur. Prenez un verre d'eau, quel prix lui donnez-vous lorsque vous êtes au pied des chutes du Niagara ? Le même verre d'eau, quel prix lui donnez-vous lorsque vous êtes dans le désert du Sahara et que votre gourde est vide ?

C'est sur ce principe que le vendeur vit. En effet, si le prix était une cause, il suffirait de vendre moins cher que la concurrence pour que le client achète. Il s'en suivrait une course au moins disant.

Si vous aviez à choisir, vendriez-vous de l'eau dans le Sahara ou aux pieds du Niagara ?

Un marché va avoir une taille. Cette caractéristique est importante car elle permet au vendeur se projeter dans ses objectifs commerciaux. En effet, si vous vendez sur le marché de la moutarde, à Lyon et que la taille de ce marché est de 500k€, et que vous visez 1 Million de Chiffre d'affaire, Il y a peu de chance que vous puissiez les réaliser en l'état.

J'écris « en l'état » parce que la taille du marché peut évoluer. C'est un point positif à prendre en considération. Les marchés peuvent être frappés par un phénomène de croissance. Par exemple, dans un pays avec un taux de natalité de 4 enfants par femme, la taille du marché des chaussures augmente puisqu'il y a de plus en plus d'habitants, donc de plus en plus de pieds.

A_ Marchés lambda

La plupart des marchés sont ouverts. Vous entendrez parler de marché B2B lorsqu'une entreprise vend à une entreprise. Vous entendrez parler de B2C lorsqu'une entreprise vend à un particulier. Vous entendrez parler de B2A lorsqu'une entreprise vend à une administration. Vous entendrez parler de C2C lorsqu'un particulier vend à un particulier.

En C2C, les principes de la vente sont les mêmes. Les vendeurs C2C sont passionné par leurs produits. Vous avez des particuliers qui croient tellement à leur produit que leur enthousiasme écarte toutes les objections.

Les marchés B2C explosent avec les réseaux sociaux et la vente en ligne. En B2B, les phénomènes de digitalisation amènent des nouveaux rythmes de vente, de même qu'en B2A.

B_ Les niches

Les marchés peuvent avoir des barrières à l'entrée. C'est-à-dire que pour y vendre ses produits, le vendeur doit avoir une autorisation. Par exemple, pour vendre à certaines administrations ou sociétés, il faut avoir obtenu des appels d'offres.

Les plus belles niches sont celles des technologiques protégées par des brevets ou des coûts de développement élevés.

Pour un vendeur, une niche est pratique parce que les clients sont captifs et la concurrence est moins forte.

Certains marchés sont règlementés, c'est aussi une barrière à l'entrée car tout le monde ne peut pas y vendre.

C_ Les marchés qui marchent

Ce qui est important pour un vendeur, c'est que son marché soit porteur. Si vous vendez sur un marché qui décroit, vous aurez du mal à atteindre vos objectifs.

Un marché porteur, c'est un marché sur lequel les clients non équipés sont plus nombreux que les clients déjà équipés.

Prenez le marché du téléphone portable, il y a 15 ans, il était porteur et aujourd'hui il est saturé tout le monde en a un au minimum.

Prenez le marché des voitures en Europe, il est saturé puisqu'il y a plus d'une voiture par foyer. Vous avez des départements où vous avez 3 voitures par foyer.

Tous les marchés ne croissent pas à la même vitesse. Vous avez des marchés avec des cycles de vente court et d'autre avec des cycles de vente longs. Le marché des vêtements est un marché à cycle court lorsque le marché des avions est un marché à cycle long.

Il est important de choisir le marché sur lequel vous opérez. Pour vous tenir informé, lisez la presse économique.

Pour faire un parallèle, un marché c'est un terrain de chasse ou un champ d'élevage. En fonction de votre tempérament, choisissez votre terrain de vente. Je vous recommande un seul principe, il faut que vous ayez du potentiel de vente.

Vous avez le choix de changer de marché quand vous le souhaitez, gardez les yeux ouverts, informez-vous. Certains marchés sont plus rémunérateurs que d'autres sachez les repérer. Le métier de vendeur est un métier ouvert, n'hésitez pas à questionner vos confrères qui opèrent sur un autre marché que le vôtre.

2_2 Un siècle d'opportunités

Nous sommes en 2020 lorsque ce livre est écrit. Cela fait 20 ans que nous sommes dans le 21e siècle. En 20 ans, les réseaux sociaux ont explosé, le e-commerce est devenu simple et confiant, Les informations de marché sont accessibles facilement. Tout le monde a un smartphone dans sa poche.

Aujourd'hui, il est possible de faire des publicités hyper ciblées. Offrons-nous un moment souvenir : Avant, pour promouvoir une boutique vendant des produits pour enfants, je devais faire la sortie des maternités. Aujourd'hui, je peux cibler en ligne les futures mamans, les futurs papas, les futures Mamies, etc. Plus précis et Retour sur investissement mesurable.

Aujourd'hui, je peux envoyer des emails des vidéos de présentation de produit, des témoignages de client qui disent que ma solution est la meilleure et qui notent en mettant 5 étoiles.

Les clients de mes compétiteurs sont mécontents, ils le disent en ligne. Bien évidemment, je les contacte, je leur fais traverser les étapes de vente, ils deviennent mes clients et je publie une vidéo de leur témoignage indiquant à quel point ils sont satisfaits avec leur nouveau prestataire.

La communication est facile, peu couteuse et avec un feed back immédiat. Quand est-ce que c'est arrivé dans l'histoire de l'humanité ?

Je ne vais pas vous décrire comment c'était avant, vous êtes au courant. Mais les avis en ligne des clients, vous savez à quel point cela vous conforte dans votre souhait d'achat. 78 % des acheteurs avouent que c'est ce qu'ils regardent en premier : Le nombre d'avis et les commentaires.

Le 21e siècle est un siècle d'opportunité parce que c'est votre client qui vend pour vous et cela à grande échelle. Un client content pouvait vous donner des recommandations. 2 ou 3 recommandations, s'il connait du monde. Maintenant c'est 20 ou 30 leads [1] que vous récupèrerai, puisqu'il va publier son achat sur ses réseaux sociaux.

Attention, si vos clients satisfaits ont du poids avec les réseaux sociaux, vos clients mécontents ont aussi les moyens de nuire. Il y a un nouveau métier dont le but est de mettre en avant la joie du client content et de « calmer » le client mécontent, il s'agit du Community Manager. Un métier hyper important pour relativiser certains avis.

---

1 *C'est un contact qualifié à qui vous pouvez vendre rapidement.*

Pour rester dans le thème des accessoires pour jeunes parent, une marque de Sièges auto réputée avait un modèle qui se pouvait se séparer en deux au niveau du dossier. Cette fonctionnalité était décrite par des utilisateurs comme une faiblesse du produit. Vous vous doutez bien que les ventes ont baissé.

La mise en place d'un community manager a permis d'une part de comprendre que l'un des atouts du produit était mal compris. Ensuite, le CM a fait preuve d'un esprit de vendeur en vendant les atouts de la fonctionnalité, notamment pour faciliter le transport du siège lorsque la famille voyage en avions.

Enfin, les commentaires des clients satisfaits ont été mis en avant et les ventes sont reparties à la hausse. Le Community Manager est un vendeur social, par bien des manières.

L'atout du 21e siècle c'est que plus que jamais, vos clients vendent pour vous. Vous percevez le levier que cela représente ?

C'est la raison pour laquelle le personal branding prend toute sa place pour un vendeur.

Avant, si vous étiez vendeur de Skateboard et que vous vouliez, pour une raison ou une autre, vendre des voitures, il était difficile de changer de secteur d'activité car vous deviez repartir de zéro, sans carnet d'adresse.

Aujourd'hui, vos clients skateboarders satisfaits soutiendront vos compétences d'excellent vendeur, ce qui nourrira votre aura et vous donnera des atouts pour vendre des voitures. Votre Branding devient un capital et lorsque vous évoluez dans votre carrière, vous ne repartez pas de rien.

Le 21e siècle est aussi un siècle d'opportunités parce que les distances se sont raccourcies. En effet, pour votre prospection, vous pouvez réaliser des visioconférences. Vous limitez vos coûts de déplacement et vous pouvez voir plus de clients. Les temps de déplacement, pour les professionnels sont perçus comme des temps improductifs. Grâce à la visio qui est entré dans les mœurs du business, ce temps improductif est réduit.

Nous sommes dans un siècle fait pour les vendeurs qui souhaitent performer car les outils de communication, les outils pour convaincre, les outils pour démontrer, soutenir une offre sont accessibles pratiques et fiables.

2_3 Qu'est-ce qui a vraiment changé ?

Il y a toujours des vendeurs qui vendent leurs produits à des clients sur un marché. Vous pouvez aussi inverser et voit qu'il y a des acheteurs qui cherchent des produits sur un marché. Ce qui a changé c'est que les acheteurs sont actifs.

Auparavant, l'acheteur était passif. Certes, vous aviez quelques appels d'offres, quelques annonces mais les prospects sont maintenant surinformés. Auparavant, il fallait éduquer votre client. Aujourd'hui, le prospect croit savoir ce qu'il cherche.

A_ Le marché

D'une part des marchés disparaissent et d'autres les remplace. Par exemple, le marché du téléphone appris à vendre des smartphones.

Les marchés bien qu'ils soient régis par les même lois, disparaissent pour réapparaitre autrement. Hier, une entreprise qui vendait des solutions d'archivage en papier se réinventera sur le marché de l'archivage numérique.

Le vendeur a la possibilité de tirer profit des changements de marché. En effet, un nouveau marché c'est aussi une nouvelle structure de prix, c'est une nouvelle façon d'apporter de la valeur aux clients.

Il y a un point de vigilance c'est de ne pas être surpris par les changements de votre marché pour ne pas les subir mais les exploiter de façon pro active. La veille est plus que jamais nécessaire. Soyez à jour.

B_ Le produit

1854, c'est l'année où les chaussures ont commencé à différencier le pied droit du pied gauche. Avant, Les deux chaussures étaient indistinctes. Depuis, les semelles ont eu cette cambrure qui a apporté plus de confort lors de la marche.

Il est difficile d'imaginer le monde des chaussures avant 1854. Simplement parce que nous sommes dans le monde d'après. L'inventeur Alexis Godillot a eu une idée disruptive. Son produit à fait l'unanimité, il est devenu le nouveau standard.

Des nouveaux produits, il en sort tous les jours. De plus en plus vite au 21e siècle parce que les usines peuvent produire de petites séries, si les vendeurs vendent, de nouvelles séries sont commandés. Dans le cas contraire, L'usine passe à autre chose. Il y a aussi l'impression en 3D qui permet de livrer un plan plutôt qu'un produit fini. Une fois le plan téléchargé dans l'imprimante du client, son imprimante imprime l'objet.

D'une manière certaine, les informations voyages à la vitesse de la lumière. La mondialisation permet de vendre dans le monde entier et de livrer dans le monde entier avec un minimum de droits de douanes.

Cette accélération du commerce est une opportunité pour les vendeurs. D'un part, nous pouvons vendre des produits et des solutions qui sont au top et d'actualité. D'autre part, nous pouvons répondre avec précision aux besoins de nos clients.

C_ Les clients

Nos partenaires n'ont jamais été si facile à contacter. Avec la technologie, chaque personne a un téléphone portable, un numéro auquel il peut être joint partout et à toute heure.

Vous avez les emails, vous avez les réseaux sociaux. Le 21e siècle est un siècle de communication. Il suffit d'avoir un produit, une solution à vendre, de cibler correctement vos clients potentiels et de les contacter.

S'ils vous répondent, embrayez et ne les lâchez pas. En effet le temps d'attention des clients a diminué puisqu'ils sont très sollicités.

Rappelez-vous l'époque où il fallait appeler les prospects à partir des pages jaunes. Ensuite, il été possible d'acheter des listings qualifiés. Aujourd'hui avec le Big Data, il est possible de contacter la bonne personne au bon moment avec le bon discours.

Ces méthodes ne sont pas encore démocratisées, mais cela viendra. Lorsque Marc Z de Facebook annonce que « Privacy is over », ce n'est pas une blague.

Les algorithmes prédictifs sont de plus en plus puissants et c'est tant mieux pour les vendeurs. Avoir une Intelligence Artificielle (IA) capable de vous indiquer les prospects à contacter c'est un vrai plus pour un vendeur.

Toute la valeur ajoutée du vendeur peut se transférer sur le contact et la relation de vente.

D_ Les organisations

Les organisations se digitalisent. Le mot digitalisation apparait en 2014 en France et depuis, il est sur toutes les lèvres.

Cette Digitalisation est une vague puissante qui change les méthodes, les process en autorisant ce qui était inimaginable encore 10 ans en arrière.

Prenons par exemple la signature. Il y avait le fax qui permettait d'envoyer un contrat signé. Mais il fallait conserver une version papier pour preuve. Depuis peu, les technologies et la législation permettent de signer et d'archiver dans des outils de Gestion Electronique des Documents.

Les visio conférences qui permettent de rassembler des compétences sans avoir à gérer les déplacements coûteux de chacun. Pour les organisations c'est formidable.

Au 21e siècle, grâce à la digitalisation des organisations les relations sont toujours humaine, heureusement. Cependant, la technologie nous permet de faire mieux et plus vite.

E_ le Vendeur

Le métier de vendeur au 21e siècle, comment évolue-t-il ?

Il y a 3 changements majeurs, D'abord le vendeur se digitalise. Ensuite, sa valeur est moins informatives et plus transactionnelle. Enfin, il peut automatiser une partie de ses activités et par conséquent vendre plus.

Pour le vendeur, se digitaliser c'est utiliser à son profit les points de contact qu'il peut avoir avec son client. Par exemple, lorsque vous êtes au téléphone avec votre prospect, pour prendre un rendez-vous, vous pouvez lui demander son e-mail ou son numéro de téléphone portable pour lui envoyer un contenu qui contribuera à le convaincre.

Le vendeur est payé pour la valeur ajoutée qu'il apporte. Par exemple, faire un devis pour rénover une maison, nécessite un savoir-faire. Avec les outils digitaux, le vendeur peut aller plus loin et proposer des ventes complémentaires faisant appel à de multiples intervenants. C'est le système des portails métiers.

Enfin, l'automatisation des certains processus permettent au vendeur de vendre plus. Par exemple, Youtube aujourd'hui permet de diffuser de nombreuses démonstrations produit que les prospects peuvent visualiser à tout moment. Vous pouvez y inclure des liens pour capturer des contacts que vous exploiterez. C'est du Sales Automation. Opérationnel 7 jours sur 7. 24h sur 24.

Avec tous ces changements, le vendeur a plus que jamais une place de leader, tant pour ses clients que pour son organisation. Les changements confirment le vendeur comme un interlocuteur incontournable au 21e siècle. Le vendeur est plus que jamais un acteur du changement.

Une seule règle, s'adapter, apporter de la valeur afin que votre prix ne soit qu'une résultante de vos qualités.

2_4 Pourquoi fixer un prix ?

Le prix s'oublie, la qualité reste !

Comme ce livre traite de la vente, j'ai isolé le facteur prix (P). Ce prix fait partie d'un ensemble que l'on appelle les 4P. Pour Price, Product, Place and Promotion. Ce sont les 4P du mix produit. Mettant en évidence que les 4 P sont intrinsèquement liés.

⇨ Product : c'est votre produit
⇨ Price : vous l'aurez deviné, c'est le prix de votre produit
⇨ Place : c'est le choix de la forme de distribution de votre produit
⇨ Promotion : C'est le type de publicité que vous réalisez pour votre produit

Exemple :

Un Prix de Luxe pour un emplacement de luxe, avec une publicité de Luxe, pour un produit de Luxe.

Prenez les malles Louis Vuitton, voyez le type de publicité, les magasins dans lesquels elles sont distribuées. Et le Prix ?

Cette introduction pour rappeler que votre prix se doit d'être cohérent avec l'environnement marketing de votre produit.

Pour le vendeur moderne, le Prix fait partie du produit ou de la solution. Si votre prospect n'est pas prêt à mettre le prix pour résoudre son problème, il faut avoir l'y encourager. Il faut savoir défendre un prix car celui-ci comprend les marges qui permettent de payer les salaires. La course au prix le plus bas, peut se payer cher pour votre prospect.

Vous entendrez parfois des vendeurs du siècle dernier plomber le moral des jeunes vendeurs en laissant échapper la phrase suivante : « pour le client c'est toujours trop cher ».

Si vous voulez réussir dans la vente, débarrassez-vous de cette idée. Pour un client acheter, c'est prendre un risque. A bien y regarder, l'acheteur prend plus de risque que le vendeur. En effet, un acheteur qui se trompe en achetant une voiture qui ne lui convient pas sera bien embêté. Il verra son erreur tous les matins en ouvrant sa portière.

Vous comprenez bien qu'il ait besoin de se rassurer. L'objection sur le prix, dans la mesure où l'acheteur dispose du budget, est une objection qu'il faut creuser ailleurs que sur le prix.

Le métier du vendeur est de faire en sorte que l'acheteur acquière la conviction qu'il fait un bon achat. C'est pour cette raison que les phases de découvertes sont importantes. Laissez-moi vous donner un exemple.

C'est un couple de jeunes parents qui cherchent à acheter une voiture. Monsieur aime le sport et Madame recherche la sécurité. Le vendeur leur propose un SUV. Véhicule sportif pour Monsieur. Ce véhicule a obtenu 5 étoiles lors des tests de de sécurité, ce qui rassure Madame.

Cette voiture correspond à leurs attentes, le prix est supérieur au budget prévu mais le couple achète parce qu'ils ont acquis la conviction que c'est la voiture qui correspond à leur projet.

La raison pour laquelle il faut fixer un prix et savoir l'annoncer. L'annonce du prix permet d'écarter les faux prospects, les curieux, les dilettantes.

Revenons à l'objection sur le prix. Si le client n'a pas le budget, c'est de la responsabilité du vendeur de ne pas lui vendre.

Cependant, si le client a le budget et que la solution résout son problème, c'est de la responsabilité du vendeur de lui vendre.

Le prix s'oublie, la qualité reste. Gardez en tête cette formule, elle vous aidera à vendre au prix. Le prix fait partie intégrante de votre produit. Imaginez-vous que je vous vende une Rolls flambant neuve au prix d'une voiture de société qui a 200 000 km. La prendriez-vous ?

Vous avez perçu, grâce à leur Mix Marketing, que le prix de la Rolls est ce qu'il est pour un certain nombre de raison. Ces raisons, le constructeur les a objectivées de telle sorte que si le véhicule est vendu à un autre prix, l'acheteur n'achète pas.

D'une part, comprenez ce qui fait le prix de votre produit ou de votre solution. Voyez les agents immobiliers, ils ont un prix de prestation qui est un pourcentage du prix du bien qu'ils vendent. Cependant, pour certains types de biens ils vont faire un forfait.

En comprenant son prix, le vendeur moderne sait l'affirmer à son client. S'il est plus cher que ses compétiteurs, le vendeur moderne saura pourquoi et en informera son client. Tout comme Rolls Royce, vous devez savoir ce qui fait votre valeur. Le prix n'en est que la conséquence.

Le prix s'oublie, la qualité reste. Utilisez cette affirmation pour être un vendeur de qualité et faire d'excellentes affaires.

2_5 Il y a remise et remise

Savez-vous ce qu'est un « Good Guy » ? C'est le vendeur qui accorde une remise à son prospect quand ce dernier le lui demande.

Le good Guy est sympa, d'ailleurs la plupart de ses clients sont sensibles à la sympathie. Leur motivation d'achat est le S de Sympathie dans le SONCAS. Le Good Guy fait des affaires grâce à sa sympathie mais cette sympathie lui fait perdre des affaires lorsque les motivations d'achat du prospect sont ailleurs.

Dans le principe, une remise qu'est-ce que c'est ?

Tout d'abord, une remise est faite lorsque le prospect valide que la solution convient et qu'il est prêt à l'acheter. Dans ce cas, le premier principe est de résister. En effet, le prix de votre solution n'est pas fixé au hasard ou « à la tête du client ».

Ensuite, toute remise doit être accordée en échange d'une contrepartie. Si vous faites un effort, votre client doit en faire un de son côté. C'est important pour l'équilibre de la relation. En effet, lorsque vous vendez, votre client doit avoir conscience de la valeur de ce qu'il achète.

Enfin, il y a une méthode pour présenter une remise et demander des contreparties, voyez ci-après une illustration :

1) Des remises de plus en plus difficiles à obtenir pour votre prospect

Si vous acceptez de faire une remise de 4 %, la remise suivante doit être inférieure. C'est un principe ayant pour but de décourager le prospect de revenir à la charge. Si vous avez bien réalisé les étapes précédentes, que vous savez que votre prospect à besoin de votre solution, vous n'aurez aucun problème à résister.

Le good Guy, ne résiste pas à l'envie d'accorder une remise. A la fin de l'année, en prenant tous les 1 ou 2 % que le good Guy concède, vous atteindrez des sommes élevées. C'est en faisant cet exercice sur un exercice que le Good Guy prendra conscience du risque qu'il fait encourir à son entreprise.

2) Les contreparties

N'accordez aucune remise sans contrepartie, cela fait perdre du crédit à votre offre initiale. Si vous avez un excellent produit et que le prospect en a besoin, vendez au prix.

Lorsque vous achetez et que vous obtenez 30 % de remise, quelles est la conséquence sur votre perception du produit ? Vous vous dites que si vous n'aviez pas demandé, vous vous seriez fait avoir. Avez-vous envie que votre client se dise qu'il s'est fait avoir ?

Maintenant, s'il vous est nécessaire d'accorder une remise, demandez une contrepartie. La contrepartie permet de renforcer l'envie de votre client d'avoir le produit. Vous avez la motivation pour lui vendre, il a la motivation pour acheter. Trouvons un accord.

A ce stade, la prise de la commande est déjà acquise. Demandez à votre prospect de valider ce point. Ensuite proposer un échange. Tactiquement, si vous accordez une remise sans valider que le prospect est prêt à commander, votre remise perd de sa puissance.

Pour les contreparties, voici 5 exemples à demander en échange de remises :

- Signature et acompte immédiat
- Témoignage pour aider le marketing
- Paiement comptant
- Livraison plus tardive
- Livraison plus rapide

Ce ne sont que des exemples, en fonction de votre marché et de la situation de votre société, il y aura des contreparties plus intéressantes pour vous. Il est important que la contrepartie ait du sens pour vous et que votre prospect puisse vous la donner.

Il n'y a rien de plus frustrant que d'accorder une remise et de ne pas recevoir le bon de commande. C'est la raison pour laquelle je vous encourage à faire valider à votre prospect qu'il est prêt à acheter avant de négocier une remise.

Pour ce qui est de l'attitude lors de la négociation d'une remise avec votre prospect, rester dans l'écoute. Vous aurez certainement des prospects qui demandent une remise pour la forme. Vous aurez aussi des prospects qui demandent une remise pour tenir un budget.

Adaptez votre demande de contrepartie. La relation commerciale n'en sera que plus solide par la suite lors de la fidélisation. Trouver un accord donnera satisfaction aux deux partis.

Par exemple, les vendeurs de voitures savent faire cela. Lorsque vous leur demandez une remise, ils refusent mais vous propose de vous offrir une option en insistant sur la valeur de cette option. Les vendeurs de costumes font de même, pas de remise sur le costume mais un accessoire offert. Dans les deux cas, la vente est faîtes. Adaptez votre réponse à votre prospect.

Enfin, pour clôturer ce chapitre, Il existe des prospects qui achètent sans demander de remise. Souvent, vous le savez, le prospect demande pour la forme. Les meilleurs vendeurs disent alors non sur la remise en numéraire mais donnent plus sur l'offre, ce qui apporte satisfaction au prospect.

Si le jeu des remises vous déplait, à vous de trouver les clients qui vous conviennent. Vous avez cette liberté

Les vendeurs ont les clients qu'ils méritent. Avez-vous déjà déterminé votre client idéal ?

2_6 Quel est mon client idéal ?

Le 21e siècle est un siècle d'opportunités. Grâce aux technologies, la connaissance est disponible et nous pouvons apprendre ce que nous voulons. Un vendeur peut changer de marché pour autant qu'il soit prêt à se remettre en question. C'est une véritable liberté qui responsabilise les Vendeurs entreprenants.

Il y a quelques mois, je discutais avec un ami qui est gestionnaire de patrimoine. Il a démarré sa carrière au début des années 2000 et grâce aux leviers de la technologie, comme internet, les réseaux sociaux, les webinars, il cartonne actuellement.

Beaucoup d'activité, un secteur qui est porteur, je l'ai félicité. C'est alors qu'il m'a confié que sa plus grande satisfaction était de pouvoir choisir ses clients. En ayant développé son expertise sur le marché de la gestion de patrimoine, en mettant en œuvre les techniques de ventes classiques et en travaillant intelligemment, il lui est possible de choisir ses clients.

A_ Pourquoi choisir ses clients ?

Selon l'article L.121-11 du code de la consommation, il est interdit de refuser à un consommateur la vente, la vente d'un produit ou la prestation d'un service.

Un fois ce cadre posé, vous savez que vous ne pouvez refuser une vente. Maintenant, vous savez aussi que le métier de vendeur est de trouver et faire signer des clients. Alors, pourquoi choisir vos clients ?

D'une part, que ce soit un client ou un autre vous avez les coûts de transaction. Ce sont les coûts engendrés par la vente. En numéro 1 nous dirons les coûts de déplacement. Ensuite le temps pour signer les contrats et administrer la vente, etc,... Ces coûts de transaction sont relativement fixes, que ce soit pour 10k€ ou 150k€ de Chiffre d'affaire.

D'autre part, vous avez le coût de conquête. C'est l'énergie déployé pour signer le client. Les coups de téléphone, les emails, bref tout ce qui est nécessaire pour obtenir la vente. Que ce soit pour un client ou un autre ces coûts sont les mêmes.

Choisir ses clients, c'est choisir les prospects que vous souhaitez convertir en client. En choisissant votre cible idéale, vous mettez toutes les chances de votre côté pour avec l'énergie nécessaire pour vendre.

B_ Comment choisir vos clients ?

Il y a plusieurs critères dont une bonne partie sont subjectifs. Je n'entrerai pas sur ce terrain parce que chacun est libre d'avoir ses préférences.

Objectivement, choisissez des clients qui peuvent vous payer. La solvabilité du client est importante. C'est un principe de gestion. Parfois, l'on peut avoir envie d'outrepasser ce principe, un conseil, vendez à des clients qui peuvent payer.

Petite parenthèse, voici une réponse à l'objection :

- Je n'ai pas le budget
- M. Dupont, mon but n'est pas de vous faire dépenser X€, si vous ne les avez pas.

Votre prospect vous sera reconnaissant de ne pas lui faire utiliser de l'argent qu'il n'a pas. Revenez ensuite sur votre offre et insistez sur la valeur qu'elle apporte. Les bons produits font souvent gagner de l'argent à leurs utilisateurs.

Gardez en tête ce principe de base de commerce, vendez à des clients solvables.

Ensuite, vous avez l'aspect développement de business. Je vous recommande de cibler des clients qui sont leader d'opinion. En effet, ils pourront faciliter vos affaires futures.

Par exemple, dans le B2C, chercher les particuliers qui vous donneront des recommandations de contacts. C'est un formidable accélérateur de vente.

Pour le B2B, ciblez les groupements. Ce sont des sources de contacts qualifiés puissants. De plus, ils vous donneront du crédit lorsque vous rencontrerez leurs membres.

Enfin, choisissez des clients avec lesquels vous avez envie de travailler. La vente est un métier difficile. Certains clients peuvent consommer beaucoup d'énergie. En choisissant les clients avec lesquels vous avez envie de travailler, s'ils sont solvables, vous trouverez l'énergie nécessaire pour les conquérir et les fidéliser.

Un vendeur a les clients qu'il mérite. C'est à vous de définir les clients que vous souhaitez avoir et de vous donner les moyens de les conquérir.

2_7 Il parait que c'est le Vendeur que le Client achète

Si vous parvenez à faire de vos entretiens de vente des moments de qualité dans lesquels vous apportez de la valeur à votre prospect, vous réussirez dans la vente. Pour apporter de la valeur à votre prospect, vous devez être professionnel, connaitre votre métier et aller vers votre prospect avec la ferme intention de l'aider.

C'est super important d'aborder la vente avec cette attitude, parce que c'est un métier de contact, de convictions et de valeurs. Vendeur fait partie des plus beaux métiers du monde. Pour réussir vous devez travailler beaucoup et surtout travailler intelligemment.

Au 21e siècle, le client a le choix, il peut consulter des centaines de fournisseurs sur internet, il peut changer de fournisseur facilement. C'est la qualité du vendeur qui fera l'achat et la fidélité du client.

Quelles leviers le vendeur moderne peut-il employer pour que le client l'achète ?

A_ Connaissez votre produit

Cela vous parait évident ? Alors faites-le et tenez-vous à jour. Être à jour, c'est la meilleure façon d'apporter de la valeur à votre prospect. Être à jour, c'est la meilleure façon de répondre à l'objection : « Je n'ai besoin de rien, j'ai tout ce qu'il me faut ».

Si vous êtes à jour, vous savez pourquoi vous contacter ce prospect et pas un autre, alors dites-le lui pour capter son attention.

Connaitre votre produit, c'est aussi connaitre votre marché, connaitre les acteurs de votre marché. C'est connaitre les changements en cours au niveau législatifs, au niveau des rachats et de la R et D. Il vous est nécessaire de vous donner les moyens d'être un interlocuteur de valeur pour votre prospect.

Nous sommes d'accord, vous pourrez faire les efforts pour vous tenir à jour seulement si vous aimez votre produit et que vous avez envie de conquérir votre prospect. En effet, cette veille demande de l'énergie et elle permet un retour sur investissement infini.

Je fais vous illustrer un cas de veille avec un exemple où je suis le client.

Comme je me déplace beaucoup dans mon métier de Vendeur, je recherchais une valise. J'ai fait 3 magasins. J'avais une vague idée de ce que je voulais : une valise pratique pour partir 3 jours en déplacement, voyager en avions et en voiture. Je voulais aussi pouvoir y transporter des chemises sans qu'elles se froissent. Je voulais qu'elle roule et qu'elle soit classe. Pour le budget, je n'avais pas de limite mais j'estimais, sans rien y savoir, qu'une valise de qualité qui dure dans le temps pouvait valoir 300 €.

J'ai fait 3 magasins de valises, sans que les vendeurs puissent me vendre la valise que j'étais prêt à acheter. Dans le 4e magasin, le vendeur m'a indiqué une valise qui me convenait. Je l'ai encore aujourd'hui et elle me donne entièrement satisfaction.

Comment s'y est pris le 4e vendeur ? Il a installé une relation de confiance. En effet, il m'a rapidement montré qu'il s'y connaissait en valise. Ce qui n'est pas mon cas. Comment s'y est-il pris ?

Il m'a accueilli avec courtoisie, il m'a demandé quel type de valise je cherchais et ce que je souhaitais en faire. Une découverte précise. Avec ma réponse, il m'a montré un premier modèle en argumentant en fonction de mes besoins. Ce premier modèle ne me convenait pas. Le vendeur m'a simplement demandé ce qui convenait et ce qui manquait.

Ce bref échange lui a permis de faire 3 choses : manifester son écoute, précisez mon besoin et valider mon intention d'achat sur ce qui convient. Je ne pensais donc plus à faire un5ème magasin mais à trouver la valise qui me convenait avec ce vendeur.

La seconde valise était plus robuste. En m'en faisant la démonstration, le vendeur m'a expliqué comment on teste la robustesse des valises. Il y a une norme dont j'ai oublié le nom. Cette norme permet de faire fonctionner les garanties. En faisant sa démonstration, le vendeur a apporté de l'objectivité à ma rechercher pour que ne soit plus dans un achat plaisir mais dans un achat rationnel.

La troisième valise respectait mes critères ET le critère de choix sur la robustesse que le vendeur m'avait suggéré. Il m'en a fait la démonstration, l'a argumenté en mettant les caractéristiques produit en face de mes besoins. Il m'a fait valider que cela répondait à l'usage que je souhaitais en faire puis il m'a demandé si je la prenais.

Je l'ai prise au prix affiché, 350 €.

Etant moi-même vendeur, j'ai bien noté les ficelles de mon interlocuteur mais c'est comme lorsque vous voyez un tour de magie réalisé par un excellent magicien, le plaisir se trouve dans l'illusion et la facilité avec laquelle il exécute son tour.

Un fois la valise payée, j'ai remercié le vendeur parce qu'il m'avait réellement aidé à trouver la valise qui me convient. C'est cette aide qui fait oublier le prix. Je sais pourquoi j'ai acheté cette valise et pas une autre. C'est cela qu'un excellent vendeur sait faire : Aider son prospect à faire le bon choix !

B_ Sachez dire non

Le vendeur qui démarre avec un nouveau produit, sur un nouveau marché doit rapidement connaitre les limites de son intervention, parce que faire une promesse que l'on ne peut pas tenir, c'est déceptif. Je déteste ce mot alors j'évite de le provoquer.

En disant « non » lorsque vous ne pouvez pas, vos « oui » auront plus de force.

C_ Créez la confiance

Talleyrand disait « On ne croit qu'en ceux qui croient en eux ». Cette phrase est un mantra pour le vendeur moderne qui réussit dans la vente au 21e siècle.

Pour que votre prospect vous achète, il faut que vous lui montriez l'exemple. En effet, si vous être végétarien et que vous voulez vendre de la viande, ce sera difficile de convaincre.

Soyez directe dans votre questionnement. Demandez ce dont vous avez besoin pour réaliser votre proposition. Ensuite, répondez aux objections de votre prospect avec la ferme intention de l'aider à trouver la réponse adéquate à son besoin.

Faites-en sorte que votre prospect vous achète. Mettez toutes les chances de votre côté !

2_8 Mon produit/ Service est-il compétitif ?

Avant que votre prospect ne se pose cette question, en tant que vendeur vous devez vous la poser. Si votre produit ou votre solution est compétitif, vous trouverez comment le vendre à votre prospect et vous serez en situation de réussite.

Maintenant, si vous pensez que votre produit ou votre solution n'est pas compétitif, changez et vendez autre chose. En effet, ce n'est pas ce qui manque les bons produits. Si vous allez sur le marché pour vendre un produit dans lequel vous ne croyez pas, ce sera un désastre. Un désastre parce que vous n'en vendrez pas et un désastre parce que cela vous dégoutera du métier de vendeur.

Le vendeur à une responsabilité dans ce qu'il commercialise, j'y reviendrai mais notez-le déjà. Vendez des produits que vous êtes vous-même prêt à acheter.

Maintenant comment avoir la conviction que votre produit est compétitif ?

A_ Regardez la concurrence

Sur tous les marchés, vous aurez des confrères et des concurrents. Soyez au courant de ce qu'ils proposent. N'ayez pas peur de vous renseigner sur leurs méthodes, leurs limites, leurs points forts.

Il y a quelques années, le président de Danone, que vous connaissez certainement, a avoué dans une interview donnée à un journal spécialisé, qu'il se fait régulièrement passer pour un stagiaire. Dans ce rôle, il envoie des courriels de demande de renseignement à ses concurrents. Grâce à ces emails, il a su comment faire évoluer ses produits pour être en tête de ses compétiteurs.

B_ Regardez ce que recherchent vos prospects

Si vous avez un produit excellent dont personne n'a besoin, cela signifie que vous n'avez pas de marché. Vous devez vérifier qu'il y a une demande. Si vos prospects veulent des fenêtres bleues et que vous vendez des fenêtres vertes, je vous recommande de vendre des fenêtres plus bleues que celles de vos concurrents.

Interrogez-vous cependant pour savoir pourquoi vos prospects veulent des fenêtres bleues. La réponse vous fera gagner des ventes et des parts de marchés.

Enfin, vous pouvez lorsque vous avez vos premiers clients, constituer des groupes de réflexion qui vous indiqueront les attentes du marché et vous permettront d'avoir une longueur d'avance.

C_ Regardez comment se positionne votre produit

Je vous ai parlé du Mix Marketing, des 4 p pour Price, Product, Promotion, Place. Vous devez observer les 4 P de vos confrères et voir le positionnement de votre produit par rapport à cela.

Quel est votre prix par rapport à celui de vos concurrents ?

Où / Comment est distribué votre produit par rapport à vos concurrents ?

Quelles sont vos publicités, que mettent-elles en avant par rapport à vos concurrents ?

Quelles sont les caractéristiques de votre produit par rapport à celles de vos concurrents ?

Vous serez surpris du nombre de produits dont les ventes ont explosé lorsque le vendeur a trouvé comment les vendre en analysant le positionnement. Parfois, il suffit au vendeur de se demander « pourquoi ».

Un exemple pour illustrer. Aujourd'hui, il y a un téléviseur dans la majorité des foyers. Ce n'était pas le cas il y a encore 40 ans. Les premiers vendeurs de téléviseurs étaient des pionniers. Il ne s'en vendait pas beaucoup, d'autant que le prix était élevé.

Savez-vous comment les meilleurs vendeurs ont tiré leur épingle du jeu ? en écoutant les prospects et en changeant le positionnement de leur offre. Les meilleurs vendeurs de téléviseurs ont choisi de les vendre en porte à porte. Ils ont compris que les clients devaient s'habituer à un nouvel usage.

Alors il qualifiait les clients potentiels qui pouvaient payer, et qui avait une famille. Ensuite, il leur proposait un téléviseur pendant 1 semaine gratuitement à condition que ces clients acceptent de remplir un questionnaire sur ce qu'il pensait des programmes.

Au bout d'une semaine, le vendeur revenait récupérer le téléviseur et le questionnaire. Il demandait au client s'il avait aimé. En cas de réponse positive, il proposait au client d'acheter. Le taux de réussite était très élevé.

Demande-vous si votre produit est compétitif. Lorsque vous en aurez la conviction, vous trouverez comment le vendre à vos prospects.

En analysant vos concurrents, votre produit et en écoutant vos prospects, vous obtiendrez la conviction que votre produit est compétitif.

Cette conviction vous aurez à la communiquer à votre prospect, à travers votre argumentation.

Soyez Convaincu pour être convaincant, soyez convaincant pour vendre !

2_9 Fidéliser ma clientèle

Acquérir un client coûte cher en temps, en énergie et en argent. En effet, il faut faire le ciblage en amont, ensuite appeler, rencontrer, convaincre. Il est nécessaire de faire de la publicité, tout cela a un coût.

Une fois que vous avez un client, vous devez le fidéliser car fidéliser un client coûte moins cher que de conquérir un prospect. Vos prospects d'aujourd'hui sont vos clients de demain alors prospecter tous les jours. Pour ne pas repartir de zéro à chaque mois, fidélisez votre clientèle.

Vous avez deux écoles de fidélisation. La Soft et la Hard. La soft Fidélisation part du principe qu'un client fidèle est un client qui paie ses factures et qui passe une commande complémentaire de temps en temps, sans régularité. Pas de plan de fidélisation particulier en somme. C'est la fidélisation minimale.

Ensuite, vous avez l'école Hard. Elle a un seul objectif, obtenir d'un client qu'il passe toutes ses commandes chez vous. Une enseigne qui fait de la fidélisation Hard c'est Amazon. D'une part parce qu'elle a les moyens de vous vendre de nombreux produits et d'autre part parce qu'elle a organisé son service client de la sorte.

Je viens de vous décrire les deux extrêmes. Votre vision de la fidélisation se situe certainement quelque part entre les deux. Je vous recommande d'avoir un plan de fidélisation. Il peut être simple comme un rdv de suivi par trimestre. Cette rencontre, planifiée, permet de consolider un lien.

Le Vendeur qui souhaite performer, faire croitre son chiffre d'affaire doit fidéliser ses clients de façon Hard. Qu'est-ce que cela signifie ?

1) Considérer qu'après chaque commande votre client redevient un prospect.

Lorsqu'un vendeur a obtenu la commande, il est heureux et la plupart du temps il va considérer son contact comme un client. Le vendeur et le client vont entrer dans une relation client/fournisseur.

Dans cette relation, il y a un certain confort. Lorsque le vendeur appelle son client, il n'y a plus de barrage au standard. Mieux encore, le vendeur dispose de la ligne directe du client. En effet, la raison des contacts est évidente. Le client a besoin de ces contacts pour se rassurer, c'est lui qui est demandeur.

Ce confort, vous devez vous en méfier car il peut vous rendre aveugle aux opportunités de business complémentaire. Lorsque vous allez rendre visite à votre client, vous passerez du temps au café, vous préparerez moins votre argumentaire et vous perdrez des ventes.

Vous sortez un nouveau produit, un add-on, une solution complémentaire ? Votre client va vous recevoir, vous allez lui parler de votre nouveauté, vous n'allez pas lui vendre. La différence ? Pour vendre vous partez du prospect, pas du produit.

Si vous prenez l'habitude de considérer votre client comme un prospect, vous ferez à chaque rendez-vous, une phase de découverte. Vous écouterez votre client pour savoir de quoi il a besoin. A partir de ses besoins, vous argumenterez votre produit et la vente se réalisera.

Ecoutez vos clients ! Si vous ne le faites pas, vos compétiteurs le feront.

2) Soignez le Service après-vente

Le vendeur vend puis s'appuie sur d'autres métiers pour accomplir la livraison, la mise en main, le suivi. Dans un souci d'efficacité, il est évident que le vendeur crée plus de valeur lorsqu'il vend.

Dans une relation pro active de fidélisation, le vendeur moderne doit s'assurer que la livraison correspond à ce qu'il a vendu. Rien ne froisse plus un client que de ne pas recevoir ce qu'il a commandé. Si vous commandez une paire de chaussures noires et qu'on vous livre des grises, auriez-vous le sourire ? de même, si l'on ne vous donne pas une date ?

Le vendeur ayant la volonté de fidéliser y parviendra mieux s'il s'assure que la livraison correspond à ce qu'il a vendu. Ce temps que vous investirez, votre client vous le rendra au centuple. Vos objectifs seront plus facilement atteints.

Cette partie du métier est difficile car vous aurez le sentiment d'être en train de perdre votre temps, vous préfèreriez passer des coups de téléphone ou relancer des prospects. Peut-être même que certains vendeurs vous décourageront de le donner ce temps à votre client.

Sur le moyens terme vous gagnerez à fidéliser. Tous les clients vous le diront, c'est ce qu'ils attendent de leur vendeur, un suivi de qualité. Trop souvent il ne l'obtienne pas et sont frustrer.

3) Faites du service après-vente une machine à leads

Les entreprises qui voient leur chiffre d'affaire augmenter régulièrement sont celles qui ont compris que l'insatisfaction du client est une source de progrès. Vos clients savent ce qu'il manque à votre produit pour qu'il soit le meilleur du marché.

Vous rendez-vous compte que votre client connait les offres de tous vos concurrents ? Bien sûr, ils se battent pour lui faire une présentation.

Lorsque vous vendez une fenêtre bleue à M. Durant, il a rencontré vos concurrents. Alors, lorsque M. Durant est mécontent parce que la peinture ne résiste pas au soleil, faites évoluer votre peinture, offrez là à M. Durant et demandez-lui de le dire à tous ses voisins. Vous vendrez des dizaines de fenêtres.

Le SAV c'est une source de vente. Expliquez-le à votre entreprise !

4) Mesurer votre taux de pénétration

Il faut que vous preniez l'habitude de demander à votre client qui sont ses autres fournisseurs. Demandez-lui quel budget il leur alloue. Demandez-lui comment vous pourriez lui vendre davantage.

Il n'y a pas de question indiscrète. Demandez à votre client ce que vous pouvez faire pour lui vendre plus. Ensuite mettez en place un plan d'action pour conquérir du chiffre d'affaire. C'est ça la fidélisation.

Pour chacun de vos clients, planifiez l'augmentation du Chiffre d'affaire qu'il vous génèrera.

C'est une clef de succès des vendeurs au 21e siècle. Fidélisez vos clients !!

Partie 3
Construire une stratégie pour Gagner

3_1 Le Napoléon de la vente ?

Pour réussir dans la vente, vous devez avoir au minimum 1 coup d'avance sur vos compétiteurs. Dès que vous en avez la possibilité, réfléchissez à votre stratégie.

Napoléon Bonaparte est connu pour être parmi les meilleurs stratèges Militaire. Lorsque vous abordez la vente, dans un contexte moderne, vous devez maitriser de nombreux facteurs.

D'une part, vous avez les parties techniques, pour savoir comment vendre. Ensuite, vous avez le facteur marché pour savoir ce que vous devez vendre. Enfin, il y a des facteurs internes que vous devez aussi prendre en considération.

Lorsque vous regardez une campagne militaire, vous avez un terrain, des armées, une gestion des ressources et un objectif. Si vous regardez votre carrière de vendeur avec un regard de Stratège, tous les efforts, tous les progrès, toutes les victoires et les défaites seront des éléments constitutifs de votre réussite.

Vendeur est un métier dans lequel avec le temps on se bonifie à condition de bien faire son travail. Il est nécessaire au vendeur d'avoir envie de progresser. Au 21e siècle, c'est une condition sans laquelle il n'y a pas de réussite possible.

A_ Être un excellent technicien

Vous avez des techniques à connaitre pour exercer un métier. Pour être boulanger, vous devez savoir comment faire du pain. Dans la vente, il y des étapes de ventes que nous avons explorées lors des parties précédentes. Dans la vente, vous avez des fondamentaux qui seront exécutés de façons différentes en fonction du vendeur.

Je vous invite à travailler votre technique comme un musicien travaille ses gammes. Un exemple, demandez une contrepartie dans la vie de tous les jours. Lorsque vous dialoguez, posez des questions ouvertes, prenez le leadership dans les échanges. Soyez Vendeur !

Les techniques de ventes sont aussi des techniques d'observation. Osez observer vos interlocuteurs pour lire en eux.

Tenez-vous à jour des dernières découvertes scientifiques, dans les neurosciences par exemples. Ces études sont, pour le vendeur, ce que les recherches sur les batteries sont pour Tesla, c'est à dire un avantage compétitif.

Toutes les techniques que vous pourrez maitriser vous permettront d'être meilleurs que vos compétiteurs et de gagner des ventes. Cette maitrise technique vous permettra 2 choses précieuses : D'une part vous ferez de belles ventes parce que vous saurez découvrir, négocier et conclure des ventes.

D'autre part votre maitrise technique vous permettra de dépenser moins d'énergie dans vos actions quotidiennes. Si vous dépensez moins d'énergie pour faire une vente, avec le même niveau de ressources, vous réaliserez plus de ventes. C'est logique et ça se voit dans les niveaux de commission.

B_ Penser en homme d'action

Pour vendre vous devrez agir. Pour que vos actions soient rentables à court, moyen et long terme, vous devez penser votre action. Par exemple, lorsque vous organisez une tournée commerciale, vous aurez tout intérêt à penser vos déplacements pour faire le moins de kilomètres possibles et rencontrer un maximum de prospects. Vous avez des logiciels qui optimisent les parcours commerciaux. Utilisez-les.

D'un autre côté, vous pouvez aussi réunir vos prospects au même endroit. C'est le principe des levées de fonds, plusieurs investisseurs sont dans la même pièce. Les investisseurs s'identifient comme un groupe. Un projet d'investissement leur est vendu. Si le produit et les vendeurs sont bons, certains investisseurs seront preneurs. Comme les individus ont la tendance naturelle de faire comme leurs semblables, Il se produit un effet d'adhésion qui est amplifié par la preuve sociale.

Pensez votre action, vous y gagnerez !

C_ Agir en stratège

Lorsque vous mettez en œuvre votre plan d'action, je vous recommande de garder une capacité d'adaptation stratégique. En effet, j'ai remarqué que les grands vendeurs ont un plan s'ils ont un rdv qui est annulé au dernier moment. Certains ont une liste de prospects à contacter, d'autres ont des plaquettes qu'ils mettent dans les boites aux lettres.

Les ressources principales du vendeur moderne sont son réseau de contacts et son temps. L'un et l'autre lui permettent lorsqu'il est malin, d'avoir un formidable effet levier.

L'usage stratégique de leur temps est un point commun des grands vendeurs. En effet, lorsque vous avez un rdv qui s'annule, vous avez un contrecoup. Il faut le repositionner et d'un coup du temps vous est rendu disponible.

Les meilleurs vendeurs s'adaptent avec souplesse à ces situations qui font partie du métier. Grâce aux outils que sont les smartphones et les ordinateurs portables, une organisation stratégique permet de rester en action et de vendre quoi qu'il arrive.

Vous devez en avoir la volonté et avoir quelques coups d'avance.

3_2 Investir son temps

Vous avez souvent entendu parler de la gestion du temps. Je vous recommande de vous mettre à parler d'investissement de votre temps. En effet, chaque jour, vous disposez d'un capital de 86 400 secondes que vous avez toute liberté d'investir.

En adoptant le point de vue d'un investisseur sur votre temps, vous commencerez à envisager vos actions, votre organisation pour qu'elles vous apportent un retour sur investissement, un ROI[2].

Lorsque vous voulez investir de l'argent, vous recherchez un rendement fort. Entre deux investissements, vous privilégierez celui qui rémunère votre argent avec le meilleur taux d'intérêt. N'est-ce pas ? Alors pour votre temps, en tant que vendeur moderne, faites de même !

Vous arrivez en clientèle et votre client vous propose un café, buvez-le rapidement. Trop souvent le rythme est pris en fonction de celui du client. Si vous êtes chanceux, votre client verra son temps comme un investissement, si vous n'êtes pas chanceux, c'est à vous de provoquer votre chance en donnant le tempo.

2Return on Investment _ Retour sur investissement

En effet, si vous ne pouvez pas aller voir votre banquier et lui donner le tempo pour qu'il rémunère votre argent à 15 %, vous pouvez donner le tempo à votre client pour qu'il démarre votre entretien à l'heure.

La vente, c'est d'abord des chiffres. Plus vous faites d'offres, plus vous avez des commandes. Si vous prenez 1h30 par entretien et que vous parvenez à réduire de 15 minutes votre entretien, au lieu de faire 6 entretiens par semaine, vous pouvez en faire 7. Mathématiquement vous vendrez plus, car un entretien en plus par semaine, cela fait 52 entretiens en plus par an.

Vous devez investir votre temps.

Une fois que vous avez adopté un rapport d'investisseur avec votre temps, faites jouer le temps en votre faveur. Lorsque vous avez un nouveau produit, investissez du temps dans sa prise en main. En effet, vous serez tenté d'aller rapidement à la vente. Il va sans dire que sans maitrise, vous aurez un taux de transformation faible.

Investissez du temps dans votre formation produit, vous aurez un excellent ROI.

Enfin, investissez du temps dans la construction d'un plan de compte. Un plan de compte qu'est-ce que c'est ? C'est un plan pour connaitre où vous allez créer du chiffre d'affaire.

Revenons au point de vue de l'investisseur. Prenez le temps de savoir où trouvez des filons. Vous verrez que vos meilleurs compétiteurs ont un plan de conquête. Ce plan de conquête même s'il est imparfait donnera une direction à vos actions. Cette direction vous servira de guide et vous permettra d'agir pleinement.

Investissez votre temps pour qu'il vous rapporte. Pensez à l'année, découpez au mois, puis à la semaine, et enfin à la journée.

Ensuite, encaissez chaque jour les intérêts de votre temps !

3_3 Suis-je compétitif ?

Quand vous êtes vendeur, vous avez des objectifs commerciaux à atteindre. Soit vous les avez fixé vous-même, soit quelqu'un l'a fait pour vous, votre directeur commercial peut-être.

il est probable que vos prospects cherchent à faire jouer la concurrence et vous mettre en compétition avec un autre vendeur. Pour remporter la partie, vous allez devoir emporter l'adhésion du prospect.

Dans ces cas de figures, je vous invite à vous poser la question : « Suis-je compétitif ? »

La réponse ne repose pas que sur vos épaules, elle repose aussi sur votre produit ou votre solution. En tout état de cause, les réponses que vous apporterez à cette question vous permettront de progresser ou du moins de connaitre vos points forts et vos points faibles.

Pour être compétitif, vous devez connaitre vos points forts pour les utiliser et connaitre vos points faibles pour ne pas en être victime. Quand cela est possible, vous pouvez découvrir les points faibles de vos compétiteurs et les utiliser contre eux.

Si vous êtes au courant d'un point faible de l'offre de votre concurrent et que vous n'en informez pas votre prospect, vous faites défaut à votre devoir de conseil.

Pour revenir à la question suis-je compétitif, voici trois aspects que vous devez considérer :

A_ Suis – je compétitif physiquement

Pour atteindre vos objectifs commerciaux, vous le verrez, c'est un sprint de fonds. Ne comptez pas vos heures. Pour tenir la distance, pour tenir la durée du match, vous devez être compétitif physiquement.

D'abord, il y a une dose de stress dans le métier de vendeur que votre corps et votre esprit auront à évacuer.

Ensuite, certains rendez-vous de ventes peuvent être long. Certains prospects sont forts pour faire durer les négociations afin d'avoir votre meilleure offre. Ce serait dommage de perdre de la marge par manque d'énergie.

Enfin, lorsque vous êtes bien physiquement, vous avez confiance en vous. Or, nous l'avons vu, la confiance est un facteur clé du succès des vendeurs. Alors soyez compétitifs physiquement, vos ventes seront au top et cela créera un cercle vertueux.

B_ Suis-je compétitif dans mon savoir faire

Votre savoir-faire, c'est votre savoir vendre. Des techniques de ventes, il s'en invente tous les jours. D'une part, la science et les connaissances humaines progressent et d'autres part, les vendeurs sont créatifs.

Tenez-vous au courant des dernières pratiques. Tenez un Playbook dans lequel vous pourrez vous replonger pour préparer un rdv. Apprenez des séquences de vente afin d'y être à l'aise. Répétez et pratiquez.

Ensuite, êtes-vous compétitif dans votre savoir-faire produit ou service ? Savez-vous mettre en valeur les qualités de votre service ? Souvent par habitudes vous allez oublier à quel point votre produit est excellent. C'est dommage parce que votre prospect compte sur vous pour être mis au courant.

Enfin, le savoir-faire, se compose aussi les dernières technologies. A l'heure où j'écris ce livre, le pays dans lequel je suis est confiné. La majorité des contacts commerciaux sont réalisés au téléphone ou en visioconférence. Je peux vous garantir qu'en cette période, le vendeur qui manque de savoir-faire technique aura beaucoup plus de mal à réaliser des ventes.

C_ Suis-je compétitif dans mon savoir être

Votre savoir être, c'est votre capacité à incarner. Votre savoir être regroupe de nombreuses compétences interpersonnelles. Par exemple votre assertivité, c'est-à-dire votre capacité à vous affirmer. Vous avez aussi votre capacité à travailler en groupe. Vous en avez d'autres qui contribuent à vous faire réussir en société, comme la capacité à avoir de l'audace.

Certains vendeurs sont meilleurs que d'autre dans certains soft skills[3]. La bonne nouvelle, c'est que vous pouvez vous améliorer en prenant conscience de vos limites. Lorsque vous ressentez une « faiblesse » sur un soft skill, travaillez cette compétence pendant 2 mois et vous vous sentirez plus à l'aise.

Ce que je vous recommande aussi, c'est de choisir des softs skills qui selon vous sont

---

3Compétences douces. Concept créée en référence à Hard power et Soft power. Le Hard power c'est envoyer des bombes, le Soft power c'est déployer des ambassades et son influence.

incontournables pour un vendeur, de vous évaluer et ensuite d'imaginer votre plan pour vous améliorer.

Voici quelques soft skills pour vous faire les dents :

Communication, Gestion du temps, Gestion du stress, la Visualisation.

Je vous encourage à vous poser régulièrement la question de votre compétitivité. Faites-le après chacune de vos ventes gagnées et après chacune de vos ventes perdues. Vous progresserez dans votre métier de vendeur, vos ventes progresseront et vous aurez de nouvelles opportunités.

3_4 Objectif Directeur commercial

Le directeur Commercial est un vendeur leader qui a pour rôle de faire réussir les vendeurs de son équipe. Au 21e siècle, le directeur commercial a un rôle complexe. Tantôt Coach, Tantôt manager, il doit avoir une maitrise certaine et suffisamment de hauteur pour transmettre des bonnes pratiques.

De plus, comme il a une équipe sous sa responsabilité, il gagnera beaucoup à les faire progresser. En effet, une équipe de vente est un levier pour réaliser des ventes.

Ce livre a pour but de parler de la vente, il faudrait en consacrer un autre à la direction commerciale. Cependant, comme l'un des rôles du directeur Commercial est d'apporter de la visibilité sur les ventes, ce chapitre a pour but de présenter cette dimension,

Si vous êtes un vendeur moderne, vous avez comme qualité votre autonomie. En vous mettant dans les chaussures d'un Directeur des ventes, pour vous-même, vous allez commencer à planifier votre action pour que vos ventes soient prévisibles. Comment faire ?

D'une part, vous devez repérer les actions qui vous amènent à une conclusion positive. Je vous invite à repérer les causes de vos ventes. Par exemple, les appels téléphoniques font des rdv et ses rdv font des découvertes, qui mènent à des argumentations, qui mènent à des conclusions, qui mènent à des contrats.

Si vous discutez avec des vendeurs de voiture, ils vous diront que les prospects qui essaient une voiture au mois de mai sont les contrats du mois de juin. Il y a une prévisibilité dans la vente, à vous d'organiser la vôtre.

Dans un second temps, en vous mettant dans les chaussures d'un Directeur commerciale, vous regarderez aussi ce qu'il vous faut pour vous améliorer. Est-ce que vous devez être plus agressif en phase de closing ? Est-ce que vous devez passer plus de temps à découvrir les besoins de vos clients ? Ces questions, vous devez vous les poser de manière objective.

Par exemple, pour la prise de rdv téléphonique, un directeur commercial qui voit que le nombre de rdv pris est insuffisant, va mesurer les actions de son commercial. En effet, ce qui se mesure, se gère.

D'abord, il va compter le nombre d'appels passés, ensuite le nombre d'appels argumentés et le nombre de rdv. Mettons que vous avez 100/ 30/15. 100 appels passés, pour 30 argumentations et 15 rdv.

Il y a un grand écart entre le nombre d'appels passés et le nombre d'appels argumentés, cela peut signifier que l'horaire des appels est incorrect parce que 70 % des interlocuteurs sont injoignables.

Le taux de conversion des argumentations en rdv est bon puisqu'un 1 argumentation sur 2 donne un Rdv.

Après analyse, le directeur commercial proposer des changez l'horaire des appels.

Nouvelle mesure et vous obtenez 100/ 50/ 25. Bravo, avec le même nombre d'appels, vous avez 10 rdv de plus.

C'est cela le job d'un directeur commercial, c'est de faire mieux avec les mêmes moyens. Si en tant que vendeur vous adoptez cet état d'esprit, vous ferez des commissions énormes, parce que votre travail sera géré de main de maitre.

Les meilleurs font mieux en 24 heures. Prenez le temps de mesurer votre activité pour mieux la gérer. Par la suite, vos résultats vous permettront d'évoluer en Directeur Commercial pour faire réussir d'autres vendeurs.

Vendeur est l'un des plus beaux métiers du monde, donnez-vous les moyens de le transmettre !

3_5 Faire Réussir l'entreprise

En tant que vendeur, vous travaillez toujours dans un projet d'entreprise. Si vous êtes à votre compte, l'entreprise est alors une entreprise individuelle.

La vente est la locomotive de toutes les entreprises. C'est la culture dont toute entreprise a besoin pour exister et se développer. Je parle bien de culture parce que vendre va au-delà faire signer le client. Vendre c'est le service, vendre c'est voir grand, vendre c'est faire advenir le meilleur.

Prenons un exemple du quotidien. Imaginez que vous avez deux stations dans une petite ville. Vous allez faire le plein de carburant dans la première, vous avez un plein. 1 semaine plus tard, vous allez faire le plein dans la seconde, vous avez un plein et vous remarquez que le pompiste en a profité pour laver votre pare-brise. La semaine suivante dans laquelle des deux stations irez-vous prendre votre essence ?

La culture de la vente est hyper importante.

Que peux faire le vendeur moderne pour faire réussir son entreprise ?

A_ Vendre beaucoup

Prenez une entreprise organisée, à chaque début d'exercice, vous allez avoir des objectifs de vente. Une entreprise qui a su recruter des vendeurs de qualités pourra avoir des objectifs de vente plus ambitieux.

Les ventes représentent l'argent qui rentre et cet argent permettra de nourrir les autres services de l'entreprise, pour le plus grand bonheur de vos clients.

Attention cependant, vendre beaucoup ne signifie pas vendre à perte.

B_ Faire de belles Ventes

Toutes les ventes ne se valent pas. Il faut penser en termes de marges restantes. Si vous vendez et que cela ne vous fait pas gagner d'argent, c'est que vous avez très mal vendu. Rappelez-vous du chapitre sur le choix de vos clients.

Une belle vente permet d'engranger des marges ce qui permettra d'investir dans de la formation, du recrutement, de la recherche et développement. En un mot, de réinvestir dans l'entreprise pour qu'elle soit encore plus compétitive.

Faites de belles Ventes, battez-vous pour maintenir vos marges, allez chercher le client qui est capable de s'offrir vos services. De cette façon, vous pourrez empocher de belles commissions et permettre à votre entreprise de se développer.

Faites gagner votre équipe !

C_ Ouvrir des nouveaux marchés

C'est l'un des rôles du vendeur, ouvrir les marchés de demain. En effet, vous avez aujourd'hui, un produit ou un service de qualité que vous vendez bien sur un marché qui en a besoin. Je vous recommande fortement d'être à l'écoute de la conjoncture, des nouvelles lois, des opportunités de leviers.

Lorsque vous êtes dans l'action, que vous rencontrez des prospects quotidiennement, que vous les fidélisez, une routine peut se mettre en place. Un peu comme Rocky Balboa qui prend l'habitude de gagner et qui ne voit pas arriver Clubber Lang[4].

Dès que vous en avez l'occasion, demandez à vos clients comment le marché pourrait évoluer, de leur point de vue. Demandez-leur à quels

---

4Personnages fictifs de l'opus Rocky 3 dont le scénario est écrit par Sylvester Stallone changements législatifs ils sont attentifs. Parfois, si vous entrez sur un marché entre la publication d'une loi et la publication de son décret, les rapports de force entre concurrents peuvent changer, soyez-y préparé.

Par exemple, dans l'automobile, vous avez des constructeurs qui cessent de distribuer leurs modèles dans certains pays. Si cela arrive et que vous ne l'anticipez pas, vous pouvez perdre beaucoup. Sur le même principe, si vous apprenez qu'un nouveau produit va être autorisé dans votre pays et bien vous pouvez vous portez acquéreur de la licence de distribution et dominer votre marché.

Soyez attentifs aux nouveaux marchés, ils seront des relais de la croissance de votre chiffre d'affaire.

3_6 Construire sa Réussite

Le métier de vendeur est un métier formidable lorsque l'on est en réussite. La bonne nouvelle, c'est que la réussite se construit. Nous n'avons pas de contrôle sur la météo, autant nous avons du contrôle sur beaucoup d'autres éléments qui composent notre vie.

Dans son autobiographie, le tennisman André Agassi, qui a l'un des palmarès les plus impressionnant du tennis moderne, nous livre une clé : « Contrôle ce que tu peux contrôler »

Faites le point 3 minutes et prenez conscience de ce sur quoi vous avez le contrôle. Vous pouvez contrôler le nombre de rdv que vous faites, vous pouvez contrôler les relances que vous faites, vous pouvez contrôler les prospects que vous démarchez, vous contrôlez beaucoup de choses alors prenez en la responsabilité.

C'est au vendeur de prendre la responsabilité de son activité et de ses choix. Nous sommes au 21e siècle, avec les outils dont nous disposons, tout est possible.

Je vous livre une méthode pour construire votre réussite.

A_ Avoir envie de réussir

Il faut commencer par avoir envie de réussir. Si vous n'avez pas envie de réussir, le travail qui est nécessaire vous rebutera et vous serez en échec. Vous devez avoir envie de réussir.

Demandez-vous pourquoi vous souhaitez réussir, ce que cela représente pour vous. Je connais un vendeur exceptionnel, je lui ai demandé ce qui le motive, il m'a répondu : « J'aimerais ne plus avoir à travailler à 50 ans. »

Il est sur la bonne voie. Il ne laisse aucune affaire passer. Pour lui il n'y a pas de petite affaire. Il met une intensité dans sa prise de rdv, durant ses rdvs, durant ses relances. Il contrôle ce qu'il peut contrôler pour obtenir les excellents résultats qui lui conviennent et qui le rapprochent de son objectif.

Demandez-vous pourquoi vous avez envie de réussir, il n'y a que des bonnes raisons de vouloir réussir, à vous de trouver la vôtre.

B_ Planifier sa réussite

Vous savez ce que l'on dit, « Rome ne s'est pas construite en 1 jour ». Réussir, cela ne se fait pas du jour au lendemain. Pour être certain d'aller dans la bonne direction vous devez avoir un plan.

Tout d'abord fixez-vous un objectif sur l'année et découpez – le en petites victoires. Lorsque vous voulez manger une vache, vous devez y aller une bouchée à la fois.

Planifier les étapes qui vous mènerons à votre réussite et ensuite mettez-vous en route.

Par exemple, si vous souhaitez devenir un excellent vendeur en assurance, vous devez planifier cela. Tout d'abord choisir le type d'assurance dans laquelle vous souhaitez exceller, cela vous donnera le type de client et les compagnies que vous pourrez rejoindre.

A ce stade de votre planification, vous verrez les possibilités qui s'offrent à vous et l'investissement qui est nécessaire. Enfin, fixez-vous une date d'arrivée.

De vous à moi, planifier n'est pas le plus difficile, le plus difficile c'est d'avoir la discipline de faire un pas chaque jour en ayant foi dans son plan.

C_ Mesurer pour Objectiver

Je vous l'écrivais précédemment, nous n'avons pas de contrôle sur le temps qu'il fait. Avec un prospect, c'est un peu la même chose, même si nous faisons de notre mieux, nous ne pouvons pas « légalement » l'obliger à signer s'il est contre.

Après une déconvenue il arrive d'avoir le moral dans les chaussettes. Cela nous fait perdre notre objectivité, nous pouvons parfois voir les choses de manière subjective. C'est à cause de ce phénomène que je vous invite à mesurer, cela vous permettra d'être objectif.

Par exemple, si vous devez prendre 5 rdv par semaine pour être dans le rythme comptez vos rdv et résistez à la tentation d'en faire 6 pour le fun. En effet, vous prendrez l'habitude de faire 5 rdv et les semaines où vous aurez envie de n'en faire que 4, vous trouverez le courage de faire le cinquième.

Mesurez les bons indicateurs. Je reviens sur mon exemple des appels téléphoniques. Vous avez certains vendeurs qui comptent le nombre d'appels passé uniquement. Vous aurez compris que sans le détail appels argumentés et rdv, la mesure ne permet pas d'avoir une analyse objective.

Vous savez, on ne gère que ce que l'on mesure. Il est important de mesure pour savoir où vous en êtes, adapter vos actions et avancer vers votre réussite.

3_7 Les indices de la réussite

Le métier de vendeur est un métier exigeant qui ne laisse guère de temps à l'introspection. C'est bien dommage parce que lorsque l'on se rappelle l'importance du métier pour toute les entreprises, les vendeurs devraient être chouchoutés comme des sportifs de haut niveau.

Chacun à sa propre définition de la réussite. Dans le métier de vendeur, cependant, il y a quelques indices qui ne trompent pas. Soyez-y attentif et même si vous ne les percevez pas encore chez vous, persévérez !

A_ Vous avez des demandes entrantes

Au début, chaque vendeur doit faire sa place sur son marché. A un moment cependant, s'il fait bien son boulot, il doit commencer à avoir quelques appels entrants. Ce sont les prospects qui viennent vers lui par bouche à oreille ou recommandation. Si vous êtes dans un magasin, par exemple, vous aurez des prospects qui viendront de la part de tel ou tel client. C'est un indice de votre réussite.

Cet indice doit vous encourager à continuer à être professionnel dans votre démarche. Continuez à prospecter, car votre prospection additionnée à vos demandes entrantes fera exploser votre score. Si vous laissez les demandes entrantes remplacer votre prospection, votre chiffre d'affaire ne progressera pas et vous vous émousserez.

B_ Vous êtes en avance à vos rdv

Demandez à un vendeur terrain. Avec la circulation, les travaux, arriver à l'heure à ses rdv est en soi une victoire. Alors si vous arrivez en avance, en ayant pris le temps de déjeuner, avec vos dossiers prêts et à jour, c'est que vous êtes un champion en route pour gagner le championnat.

En effet, cette situation est le signe que votre organisation est soignée. C'est le point commun des top vendeur que d'être prêt. La préparation des rdv est incontournables. Ne laissez pas l'habitude réduire votre niveau de préparation car si votre compétiteur est mieux préparé que vous, c'est lui qui remportera la vente.

Plus vous progresserez, plus vous serez en avance à vos rdv. Être en avance et bien préparé vous fait prendre un ascendant sur votre prospect. Plus vous démarrerez un rdv en vous sentant en confiance, plus vous avez de chance de bien le mener et de le conclure positivement.

C_ Vous avez un taux de satisfaction client élevé

Les vendeurs ont la réputation d'être de beau parleur. Nous avons tellement d'occasions de prendre la parole face à un public avec comme objectif de convaincre, que nous avons de l'entrainement.

Cependant, si vous vendez une deux chevaux en disant que c'est une Ferrari, vous ferez des mécontents. Vous voyez où je souhaite en venir ?

Un vendeur peut difficilement être en réussite si le produit qu'il commercialise est insatisfaisant. Je ne parle pas de ce cas. Dans les chapitres précédents, je vous recommandais de choisir un produit que vous achèteriez pour vous-même.

Je vous invite à ne pas survendre. En effet, une deux chevaux à de nombreuses qualités. Un client qui a besoin d'une deux chevaux sera satisfait d'en acheter une. Mais pas un client qui a besoin d'une Ferrari.

Un vendeur qui est en réussite ne survend pas son produit, ce qui entraine une satisfaction client. Si votre client en a pour son argent, il vous en sera reconnaissant. Vous signerez de plus en plus souvent.

Posez-vous maintenant la question des indices de votre réussite en fonction de votre définition de la réussite. De façon hebdomadaire vérifiez que les voyez. Si ce n'est pas le cas, faites évoluer votre méthode de travail.

Par exemple, la plupart des vendeurs qui survendent font cette erreur parce qu'ils connaissent mal les caractéristiques de leur produit. Ils enjolivent par méconnaissance. Une fois qu'ils comprennent que leur méthode est inadéquate, ils apprennent les caractéristiques produit et sont en tête des ventes avec régularité.

La réussite laisse des indices, voyez-les et persévérez !

3_8 Tenir Jusqu'à la fin du match

Le métier de vendeur est l'un des plus beaux métiers du monde et aussi l'un des plus exigeants. Les remises en question sont nombreuses. Les objections des prospects peuvent être déstabilisantes. De nombreux vents contraires peuvent ralentir l'avancée de votre navire vers la réalisation et le dépassement de vos objectifs commerciaux.

Il faut tenir bon, continuer à appliquer vos fondamentaux. Les points communs avec le sport sont évidents. Dans la vente, vous n'êtes pas en opposition avec votre client, vous êtes en lutte sur un marché, en lutte avec vos compétiteurs.

Vous devez tenir bon. Tenir bon, cela signifie tenir le temps nécessaire pour gagner.

Il n'y a pas d'arbitre dans la vente, il y a un juge de paix, le client mais pas d'arbitre. Ce qui signifie que tous les coups sont permis. Attention, vous avez l'éthique, le karma, les principes mais gardez à l'esprit que votre compétiteur ne suit peut-être pas la même version des règles de la compétition que vous.

Dans le sport, il a des matchs qui sont truqués. Dans la vente, cela arrive aussi. Je vous en parle pour que vous sachiez que cela existe. Avec cette information, vous jouerez en gardant les yeux ouverts.

Tenir jusqu'à la fin de match c'est avoir en tête que vous pouvez reprendre des contrats à vos compétiteurs, que vous pouvez et devez faire en sorte d'être le vendeur qui vend, selon vos conditions.

Voici 3 principes pour tenir jusqu'à la fin du match :

A_ Gérez votre effort

Pour gérer votre effort, vous devez d'abord admettre que vous aurez des efforts à fournir. Alors, ne prenez pas un air surpris, Vendeur est un métier, pas une semaine de vacances à siroter des mojitos.

Gérez votre effort pour avoir du rebond tout au long du cycle de vente. Si vous vendez de l'immobilier, gardez votre sourire et prévoyez le temps nécessaire pour vos visites. Si vous vendez des assurances à des particuliers, soyez prêt à travailler en dehors des heures ouvrables parce que c'est là que vos prospects sont chez eux.

Gérer votre effort, c'est aussi et en grande partie, gérer votre énergie. Pensez à dormir suffisamment, pensez à vous alimenter pour avoir l'énergie nécessaire et interagir de façon qualitative avec votre prospect.

B_ Soyez à l'initiative

C'est à vous de donner le tempo dans la vente. Soyez un thermostat ! Vous devez partir du principe que vous devez donner envie à votre prospect d'acheter. C'est à vous de proposer la phase suivante. C'est à vous de trouver un créneau pour le rdv. C'est à vous de proposer d'inviter tous les décideurs autour de la table. C'est à vous de construire une offre de qualité, de la présenter, l'expliciter et susciter l'adhésion.

Si l'on revient à notre métaphore sportive. C'est à vous de décider où va aller la balle.

En étant à l'initiative, vous pourrez réduire le temps entre la découverte et la conclusion.

C_ Travaillez plus que nécessaire

Les sprinters qui courent le 100 m prennent l'habitude de s'entrainer sur 110 m. Pourquoi ? Pour ne pas s'arrêter de courir à 5 mètres, soit 95 m en compétition et se faire dépasser sur la ligne d'arrivée.

Dans la vente c'est un peu le même principe. Prenons un exemple. Si vous prévoyez un rdv de 1H à

14h30, ne planifiez pas un rdv à 16h. En effet, si le rdv doit durer ne serait-ce que 10 minutes de plus, vous serez nerveux et risqueriez de gâcher une vente.

Travailler plus que nécessaire c'est prendre le temps d'anticiper les objections du prospect. Ainsi, préparé, vous répondrez avec naturel.

En mettant en place ces reflexes de vendeur moderne, vous aurez tout pour réussir dans la vente !

3_9 Gagner

Le vendeur moderne est un vendeur qui gagne !

Si vous voulez être un vendeur moderne, vous devez commencer par vouloir gagner. Vous devez vous demander pourquoi j'écris sur le commencement lors du dernier chapitre ? Tout simplement parce qu'après avoir lu les chapitres précédents, vous savez ce quel est le prix à payer pour être un vendeur qui vise l'excellence.

Vouloir gagner, tout le monde peut le dire lorsque tout va bien, mais aurez-vous toujours envie de gagner lorsque ce sera un peu plus compliqué ? Or, c'est dans les moment difficiles que le vendeur moderne dépasse ses compétiteurs.

Après avoir lu les chapitres précédents, vous avez compris que le métier de vendeur ne s'improvise pas et encore moins au 21e siècle. Pour gagner dans ce métier, vous ne devez pas compter sur la chance. Vous devez la provoquer, vous devez mettre de l'énergie, de l'enthousiasme, de l'effort.

Aurez-vous toujours envie de gagner quand le match sera difficile ? Aurez-vous la maturité de vous remettre en question lorsque vos méthodes habituelles donneront moins de résultat ?

Gagner, vous devez avoir cette envie chevillée au corps à chaque minute de votre vie. Prenez les champions sportifs, prenez Christiano Ronaldo, prenez Yannick Noah, prenez Lewis Hamilton, prenez Novak Djokovic, vous croyez qu'ils peuvent mettre leur envie de gagner en vacances ou en RTT ?

Vous devez avoir envie de gagner tout le temps, lorsque vous lisez la presse, lorsque vous prospectez, lorsque vous argumentez vos offres. Vous devez avoir envie de gagner tout le temps parce que la réussite dans la vente au 21e siècle, c'est une multiplicité de détails.

Vous devez avoir envie de gagner, c'est cette envie qui vous permettra de dépasser les obstacles qui se posent entre le vendeur et l'atteinte de ses objectifs. Vous aurez envie de dépasser les obstacles qui se dressent entre vous et la capacité d'imaginer de plus grands objectifs.

N'ayez pas honte de vouloir gagner, soyez fier de vouloir gagner. Faites ce que vous devez faire pour gagner. Le champion de formule 1 sait qu'il a gagné lorsqu'il passe la ligne d'arrivée en tête. Pour le vendeur, Gagner c'est avoir des commissions qui inondent votre compte bancaire.

Si vous êtes déjà dans la vente vous savez de quoi je veux parler. Si vous réfléchissez à devenir vendeur, Vendez et vous saurez bientôt de quoi je parle.

En introduction, je vous parlais de l'avidité qui est nécessaire pour faire un bon vendeur. Je vais compléter la définition que j'en ai donné. Un bon vendeur doit être avide de faire des bonnes affaires. Pour son client et pour lui. Vous connaissez l'adage qui dit que « les bons comptes font les bons amis ».

Le vendeur moderne ne doit pas avoir de problème avec l'idée de gagner de l'argent et d'en faire gagner à son client.

Lorsque vous préparez vos rendez-vous, préparez-vous comme un champion qui prépare un match de championnat. Votre championnat en tant que vendeur c'est de créer un maximum de valeur pour votre client et pour vous.

Lorsque vous êtes entre deux rdv, soignez votre récupération, lorsque vous êtes chez vous dormez suffisamment. Prenez soin de votre corps, prenez soin de votre esprit. Organisez-vous pour gagner. Organisez votre environnement pour gagner, ayez envie de gagner, faites ce que vous avez besoin de faire pour gagner.

Soyez en forme pour avoir les moyens de gagner. Faites du sport régulièrement, lisez des livres, formez-vous aux nouvelles techniques, soyez ouverts d'esprit.

Le métier de vendeur est un métier exigeant, extrêmement rémunérateur pour ceux qui s'engagent à réussir.

Soyez un vendeur moderne, ayez l'envie de gagner, préparez-vous pour gagner, la conséquence, vous l'avez devinée, vous gagnerez !

Conclusion

Réussir dans la vente au 21e siècle vous rendra riche. D'une part, devenir maitre dans les méthodes qui permettent de vendre vous donnera de l'assurance. Ensuite, apprendre à dominer un marché, à lire un marché, à devenir un faiseur de marché vous constituera un réseau de contacts qui vous garantira la prospérité. Enfin, en prenant votre responsabilité stratégique dans la construction de vos plans de conquêtes et de gestion de votre carrière vous aurez l'aura des décideurs, ceux qui sont capables de créer leur destinée.

Nous ne l'avons pas abordé dans ce livre mais il y a une part d'éthique. Je vous recommande de définir la vôtre. Le monde des affaires ressemble parfois à une jungle. En tant que vendeur, vous n'êtes pas dans l'obligation d'être l'animal sauvage de cette jungle. Vous pouvez choisir d'être l'homme civilisé.

En effet, nous avons tous tendance à faire comme nous avons vu faire. Vous pouvez endosser le rôle de l'exemple et faire d'excellentes affaire avec une excellente éthique. L'éthique est un ingrédient qui permet de durer dans la vente.

Enfin, dès que vous le pouvez, suscitez les vocations autours de vous, faites la publicité pour le métier de vendeur. C'est un métier exigeant, gratifiant, dans lequel la réussite se construit.

Le vendeur moderne, est un vendeur qui vit dans son époque, qui gagne dans son époque. Tenez-vous à jour, soyez ouvert, osez créer vos propres techniques, osez gagner à votre manière.

Je vous remercie de l'attention que vous avez portez à ce livre. Je vous souhaite d'excellentes ventes, une excellente carrière et une réussite stratosphérique.

Olivier Madacène

Découvrez mon site :

https://oliviermadacene.com

Vous y trouverez les dernières astuces du livre, des compléments, les mises à jour, et la communication de l'ensemble de la communauté.

Rejoignez la page mon éditeur :
https://vivre-immobilier.com/FB-Editions-Egregore

Vous y découvrirez l'actualité des auteurs, les nouvelles publications d'ouvrages, les tournées de dédicaces, les passages presse.

www.ingramcontent.com/pod-product-compliance
Lightning Source LLC
La Vergne TN
LVHW010605160826
845677LV00013B/3257

* 9 7 8 2 9 5 5 8 7 0 2 5 9 *